华北科技学院重点学科建设(0502010220)
河北省高等教育教学改革研究与实践项目(2020GJJG476)
河北省高等教育教学改革研究与实践项目(2020GJJG348)
河北省高等教育学会高等教育科学研究规划课题(GJXH2013-91)

高等学校实践教学建设与管理

——基于应急特色创新创业人才培养的研究

王红霞 著

中国矿业大学出版社
·徐州·

内 容 简 介

本书从应急特色创新创业人才培养的视角，以应急管理类本科高校为例，紧紧围绕高校“培养什么人、怎样培养人、为谁培养人”这一教育理念，在分析应急特色创新创业人才培养的重要性的基础上，从应急特色创新创业人才培养方案的完善到实践教学体系构建、实践教学全过程管理、实践教学条件保障、实践教学质量监控与评价等方面进行了系统分析，并着重强调了基于创新创业教育的实践教学模式改革，为提高应急特色创新创业人才的培养质量提供保障。

本书的研究为应急管理类高校实践教学的建设与管理提供了很好的思路和借鉴，对全面提升应急特色人才培养质量、实现应急管理类高校内涵式发展，从而更好地面向应急行业、服务社会和地方经济发展、提高就业率有很好的促进作用。

图书在版编目(C I P)数据

高等学校实践教学建设与管理 ：基于应急特色创新创业人才培养的研究 / 王红霞著.— 徐州：中国矿业大学出版社，2024.1

ISBN 978-7-5646-6086-4

Ⅰ. ①高…　Ⅱ. ①王…　Ⅲ. ①高等学校—教学研究　Ⅳ. ①G642.0

中国国家版本馆 CIP 数据核字(2023)第 246870 号

书　　名　高等学校实践教学建设与管理
　　　　　——基于应急特色创新创业人才培养的研究
著　　者　工红霞
责任编辑　陈　慧
出版发行　中国矿业大学出版社有限责任公司
　　　　　(江苏省徐州市解放南路　邮编 221008)
营销热线　(0516)83885370　83884103
出版服务　(0516)83995789　83884920
网　　址　http://www.cumtp.com　**E-mail**:cumtpvip@cumtp.com
印　　刷　徐州中矿大印发科技有限公司
开　　本　880 mm×1230 mm　1/32　**印张** 5.25　**字数** 152 千字
版次印次　2024 年 1 月第 1 版　2024 年 1 月第 1 次印刷
定　　价　35.00 元
(图书出现印装质量问题，本社负责调换)

前　言

实践教学是高等学校教学过程中一个重要环节，加强实践教学工作，对于不断增强学生服务国家和人民的社会责任感、勇于探索的创新精神、善于解决问题的实践能力，具有不可替代的重要作用。为应对当前世界的巨大挑战，国家和社会对高校人才培养特别是应急特色的创新创业人才培养提出了更高的要求，培养满足社会需要的应急特色的创新创业人才，是当前社会发展的迫切需要。因此，作为应急管理类本科院校，如何加强实践教学，强化应急特色，聚焦应急主责主业，保障应急需求，在实践中培养学生的创新意识、创业思维和创业能力，更大限度地激发每个学生的潜能潜质，提高其应对未来不确定性和风险的意识以及应急创新创业能力，为应急管理事业培养一批高质量的敢闯会创的高素质人才，不仅需要理论研究，更需要实践和创新。

本书正是作者从事多年实践教学管理和创新创业教育研究和实践的成果。全书在阐述实践教学在应急特色创新创业人才培养中的地位和作用的基础上，围绕高校“培养什么人、怎样培养人、为谁培养人”这一教育理念，从应急特色创新创业人才培养方案的完善到实践教学体系构建、实践教学的全过程管理、实践教学条件保障、实践教学质量监控与评价等方面进行了系统分析，并着重强调了基于创新创业教育的实践教学模式改革，为提高应急特色创新创业人才的培养质量提供保障。

本书为应急管理类高校实践教学的建设与管理提供了很好的思路和借鉴，对全面提升应急特色人才培养质量、实现应急管理类高校内涵式发展，从而更好地面向应急行业、服务社会和地方经济发展、提高就业率有很好的促进作用。

著 者

2023年5月

目　录

1 绪　论

党和国家非常重视高等学校的实践教学和创新创业教育工作，出台了一系列文件促进实践育人质量，提高大学生的创新创业能力。实践教学是高等学校教学过程中的一个重要环节，加强实践教学工作，对于不断增强学生服务国家和人民的社会责任感、勇于探索的创新精神、善于解决问题的实践能力，具有不可替代的重要作用。

1.1 研究背景与研究意义

当前，我国经济已由高速增长阶段转向高质量发展阶段，正处在转变发展方式、优化经济结构、转换增长动力的关键期。而各国综合国力竞争更加激烈，世界科技正处于群体性突破和加速化发展阶段。在这样的大背景下，各国都需要一大批具有创新创业意识的人才。我国是世界上自然灾害最为严重的国家之一，灾害种类多，分布地域广，发生频率高，造成损失重。同时，我国各类事故隐患和安全风险交织叠加、易发多发，影响公共安全的因素日益增多。因此，我国急需具有应急能力的能应对突发事件发生的高素质专业性人才。在双重背景的影响下，培养满足社会需要的应急特色的创新创业人才，是当前社会发展的迫切需要。

为促进高等学校的实践教学和创新创业教育，我国出台了一系列政策。例如，教育部等部门《关于进一步加强高校实践育人工作的若干意见》（教思政〔2012〕1号）中明确指出：实践教学是学校教学工作的重要组成部分，是深化课堂教学的重要环节，是学生获取、掌握知识的重要途径。各高校要结合专业特点和人才培养要求，分类制订实践教学标准，增加实践教学比重。《教育部关于大力推进高等学校创新创业教育和大学生自主创业工作的意见》(教办〔2010〕3 号)中指出：创新创业教育是适应经济社会和国家发展战略需要而产生的一种教学理念与模式。在高等学校中大力推进创新创业教育，对于促进高等教育科学发展，深化教育教学改革，提高人才培养质量具有重大的现实意义和长远的战略意义。创新创业教育要面向全体学生，融入人才培养全过程。

近年来，我国高校实践育人工作虽然取得了很大成绩，积累了宝贵经验，但是实践育人特别是实践教学依然是高校人才培养中的薄弱环节，与培养拔尖创新人才的要求还有差距。与高等教育比较发达的国家或地区相比也有一定的差距，主要体现在实践教学相对于理论教学而言，研究得不够深刻，如许多实践教学内容都是根据长期教育过程中形成的经验设定，缺乏一定的理论基础，在组织实施过程中，实践教学效果受环境的影响较大，也受到实践教学条件和教学手段的制约，实践教学的过程和效果评价还没有形成科学的体系，在实践教学的全过程中仍存在许多值得研究的问题。

作为应急管理类本科院校，如何加强实践教学，强化应急特色，聚焦应急主责主业，保障应急需求，在实践中培养学生的创新意识、创业思维和创业能力，更大限度地激发每个学生的潜能潜质，提高其应对未来不确定性和风险的意识以及应急创新创业能力，为应急管理事业培养一批高质量的敢闯会创的高素质人才，不仅需要理论研究，更需要实践和创新。

1.2 研究的理论基础

1.2.1 目标激励理论

1954 年，著名管理专家彼得·德鲁克(Peter F.Drucker)在《管理实践》一书中首创并提出了目标激励理论。此理论认为，目标本身的设置就能促使人产生激励性、驱使性、期望性。尽可能设置适当的目标并妥善地进行管理，可以激发人内在的驱动力，驱使人依照总体目标和分期目标努力，朝着期望的方向发展。

基于目标激励理论，一方面是通过改变评价体系、完善培养方案和提供参与式的教学方式鼓励学生更好地提升实践能力，以目标激励驱使学生采取更有效的学习方法获得更优的学习成果；另一方面是指导实践教学管理中对教师队伍建设的管理，制定详细的队伍建设晋升机制，把个人需求和目标管理体系相结合，通过达成目标后的激励举措引导和鼓励教师积极开展实践教学。

在目标激励理论的构成要素中，一是既定的近中远期目标备受关注。在实践教学管理中，实践教学能力相对薄弱，这种情况没有得到改善的原因是缺乏合理的机制促使教师产生内在驱动力去实现实践教学目标。而目标激励法能够最大限度地激发人产生行为动机和内在动力，朝着所期望的目标努力。二是行为能力自主性。通过设立目标激励可以引导和约束人的行为，这对激励教师改变原有的实践教学模式，调动教师的积极性来提高实践教学管理能力、创造性地进行实践教学活动，具有十分重要的作用。

1.2.2 杜威的“从做中学”理论

美国著名教育家杜威(J. Dewey)批判传统教育中的“知行分离”现象，指出传统教育注重知识，忽略学习的主动性，导致知识和行为分离现象的出现，学科成为纸上谈兵的理论，偏离了学生经验亦不能影响他们的行为。他认为，知识和人的行为必须统一，知识学习必须扎根于社会实际之中，真正的教育就是要使学生通过亲身经历，以实地操作和亲身实践的方法，从做中学。因为教育的内容和形式都来源于社会实际需求，所以学校教育和社会实际应当紧密结合。杜威的理论与传统认识最大的不同在于，知识的获取不是个体被动的旁观过程，而是主动探究的过程；知识应该是个体主动探究的结果。

杜威认为“从做中学”意味着“从活动中学”和“从经验中学”，即从实际的活动中去学习，因此知识的获取与经历和参与的活动有关，活动中的感受亦与结果息息相关，每项活动都是一次尝试，尝试着去寻找世界的真相。他主张学校也应建立自己的工厂、农场和实验室，为学生提供活动场所，鼓励他们从事自己感兴趣的活动并在这一过程中发现问题、解决问题和积攒经验。杜威认为教学过程分为五个部分：首先是要有一个情景，一个贴近实际的真实情景；其次在情境中每个人必须找到自己所面对的问题；再次利用手头现有的条件提出假设或可能解决问题的方法；然后就是利用一些活动或实验来检验这些假设或方法；最后根据结果反思这是否是解决问题的办法。实践教学就是要让学生通过实验室模拟或参与社会实践等方式方法发现问题、解决问题，并将理论知识和实践经验有机结合。杜威提出的实践教学过程为高等院校的实践教学提供了坚实的理论依据，亦对实践教学方式方法的推广和应用具有一定的指导意义。

1.2.3 建构主义学习理论

建构主义学习理论认为现实的纯粹客观不是由知识反映出来的。随着人们认识和理解程度的加深，知识会不断变化和升华，因此，学习不应是被动地接受，而要谋求主动地建构知识。教学也不能简单地“满堂灌”，它不是知识的传递，而是处理知识和自我消化的过程。

建构主义学习理论认为，在教学的过程中，应让学生处于模拟或者真实的情境中开展实践，以形成解决问题的能力和技巧；学习必须是探索式学习，学生通过主动参与、体验形成自己的理解并提高自己的能力。情景教学可以说是建构主义学习理论的最主要应用之一，它是基于真实问题或事件本身的教学，着重强调的是学生在真实情境中如何发现问题、分析问题、解决问题，并在此基础上积累经验以达到提高能力的目的。这显然与杜威“从做中学”理论有异曲同工之效，并与实践教学模式有高度一致性。在我国目前的实践教学中，情景教学方式主要体现在实验室模拟和项目模拟，让学生在模拟或现实的情境中去发现问题、分析问题、提出假设并解决问题。建构主义学习理论不仅为实践教学的价值取向指明了方向，还为实践教学提供了强有力的理论指导和支撑。

1.2.4 协同治理理论

协同治理理论的实践与探讨最早源于西方。协同治理理论不是简单的“协同论”,也不是重点强调“治理”,而是“协同”与“治理”的有机融合,它的起源与西方民主思潮、欧洲人文主义的发展以及社会治理变革密切相关。

目前国内对协同治理理论的全面阐述是:针对跨越行政部门职能边界的公共事务,提出将利益相关者纳入集体论坛,在“协商”和“一致同意”的基础上进行集体决策,整合各方面信息和知识,建立合作伙伴关系,提高治理绩效。协同治理理论界定的利益相关者可能是公共部门,也可能是私人部门、公民组织或个人。这些利益相关者的协同合作是没有从属关系的平等互动协作,在问题的讨论上和方案的实施上互动地位平等、信息资源共享。

协同治理理论倡导多元主体,对于高校实践教学管理而言,要体现教学管理的主体多样参与性,构建政府、企业、社会等多主体参与的治理结构或机制,通过资源有机整合,促使系统有序、可持续运作,有利于对应急管理类本科高校实践教学运行环节所采取的规划、指导、决策、监督、协调等进行管理,使系统在维持多主体平等协作基础上治理社会公共事务,最终实现协同效应倍增。

协同治理理论也倡导各主体间的“协同作用”,提高部门、组织之间的“协调性”。应急管理类本科高校走应用型发展道路,以加强实践教学管理为突破口,需要多部门合作管理。从局部层面上讲,对实践教学质量考评管理需要多主体参与,从单纯的学校教师转变为教师、企业技术人员、学生等多种身份的考评主体,在基于提高学校整体发展水平的基础上通力协作,对问题和方案的协商、执行实行分工合作,而不是单一部门的独自管理,特别凸显多主体参与对学生实践能力评价管理的相对科学性。从整体层面上看,社会、政府、企业与高校等多主体协同推进,能够突破高校内外部机制、体制壁垒,强化对高校的人力、物力和财力支持,并且有利于提升高校专业实践教学管理质量。

1.3 研究内容与研究方法

1.3.1 研究内容

本书研究内容分为以下几个部分:

一是绪论,主要论述研究背景与研究意义,以及主要的研究内容和采用的研究方法。

二是实践教学在应急特色创新创业人才培养中的地位,主要阐述了应急特色创新创业人才的能力要求以及实践教学在应急特色创新创业人才培养中的地位等内容。

三是应急特色创新创业人才培养的实践教学体系的构建,主要阐述了实践教学体系的现状、构建原则、构成要素、构建途径和应急特色创新创业人才培养的实践教学体系具体内容、突出应急特色的四位一体的立体化实践教学体系。

四是高校实践教学管理,主要阐述了实践教学管理现状、实验管理、实习管理、课程设计管理、毕业设计(论文)管理和应急特色创新创业教育体系等内容,最后以实例说明高校如何强化实践教学过程管理,提高实践教学质量。

五是应急特色实践教学基地建设,主要阐述高校实践教学基地建设的必要性、实践教学基地建设的现状、产教融合的应急特色实践教学基地的建设思路等内容,最后以实例说明高校如何进行“三位一体”的实践教学基地建设,为实践教学提供保障。

六是应急特色的实践教师队伍建设,主要阐述实践教师队伍能力要求、实践教师队伍建设的现状、实践教师队伍建设的原则和应急特色的实践教师队伍建设的路径等内容。

七是应急特色实践类教材建设,主要阐述实践类教材建设的必要性、实践类教材建设现状、应急特色实践类教材建设的原则和应急特色实践类教材建设的路径等内容。

八是应急特色实践教学信息化管理,主要阐述实践教学信息化管理的必要性、实践教学信息化管理的现状、应急特色实践教学信息化管理的实现和利用信息化技术提高实践教学信息化管理水平等内容。

九是实践教学质量监控与评价体系，主要包括实践教学质量监控体系和实践教学质量评价体系等内容。

十是高校实践教学安全管理，主要包括实践教学安全管理的现状、实践教学中的安全隐患、实践教学安全的有效措施以及用实例说明高校进行实验室闭环管理，保障实验室安全。

十一是基于创新创业教育的实践教学模式改革，主要阐述创新创业教育普及的背景、应急特色创新创业人才培养现状、应急特色创新创业教育的原则、应急特色创新创业人才培养的途径以及基于实践的线上线下相结合的创新创业教育教学模式改革等内容。

1.3.2 研究方法

本书运用的研究方法包括以下几种：

(1) 文献研究法

归纳整理国内外文献研究的最新成果及相关资料，为本书研究奠定理论基础。

(2) 问卷调查法

以应急管理类大学为例进行研究，运用调查问卷对其实践教学现状进行调查，了解第一手资料，从而分析和发现问题。

(3) 数据分析法

通过对调查的数据进行分析和整理，为完善实践教学体系和实施实践教学提供一手数据。

(4) 比较研究法

通过比较国内外实践教学建设和管理上的异同，借鉴国内外基于应急类创新创业人才培养的实践教学建设与管理的成功经验，以期对应急特色的实践教学建设与管理提供一些新思路。

(5) 系统分析法

实践教学体系是一个系统，需要政府、行业、企业、学校、学生的协同合作，需要从课程体系、实践体系、平台建设等方面进行全方位改革，这就需要采用系统工程思维方法进行分析和研究。

1.4 创 新 点

我国本科高校教学实践管理大多局限于特定的院校或者专业，还有一些特定的专业如市场营销等与实践教学管理结合比较强。大量文献的研究方向基于某专业为具体研究视角、针对实践教学的“体系”构建研究、针对实践教学基地或者硕士、本科不同专业的学生实践能力及各类高校教学质量评价研究等等，然后针对每个具体的研究方向提出对策，并没有全面、系统地提出整体实践教学管理框架，对应急管理类本科院校的指导意义不强。同时，多数研究偏向于实践教学或者是实践教学体系，对应用型本科高校的实践教学管理的研究很少。

国外相关文献介绍了关于实践教学的诸多模式，普遍认为必须加强对实践教学的重视。重视实践教学并非只是增加实践教学的课程比重，而是注重通过课堂教学方式、课程设计等各个环节去开拓学生的思维和提高学生的能力，强调在模型、模拟、现场实践中找寻真知，课堂教学环节注重自主性、研究性学习，同时根据各学校的自身优势和特点，以不同的模式和制度发掘实践教学管理的方式方法，这些都值得我们思考与借鉴。

对于应急管理类高校来说，如何有效地服务行业与地方经济发展，培养的人才质量如何契合市场需要，如何全面、系统地分析实践教学管理中存在的问题并构建有效的管理框架，将成为本书的研究重点。

2 实践教学在应急特色创新创业人才培养中的地位

2.1 应急特色创新创业人才的能力要求

根据“基础适度、口径适中、特色突出、实践能力强、综合素质高”的人才培养规格要求，应急特色创新创业人才除了学习专业知识外，还要学习安全管理、安全科学、安全技术等方面的基础理论和基本知识，要具备以下能力：

一是运用创新思维解决问题的能力。创新思维不同于管理思维，创新思维强调的是用有限资源实现无限可能。通过培养学生的探究精神，可以树立学生的创新意识和创新能力。应急类创新创业人才处理问题时应敢于突破思维定势，从多角度入手分析问题的根本原因，从而创造性地解决问题，提升自身综合素质。

二是解决突发事件的应急处理能力。突发事件是在事先没有通知、预兆情况下突然发生的、有一定破坏力和影响力的事件。作为应急类创新创业人才在遇到突发事件发生时，能够挺身而出，随机应变，及时作出反应，第一时间进行处理，及时采取措施，防止事态进一步扩大。

三是分析问题能力。应急类创新创业人才能够设计针对复杂安全问题的解决方案，设计满足特定需求的系统、单元(部件）或工艺流程，并能够基于科学原理采用科学方法对复杂安全工程问题进行研究，包括设计实验、分析与解释数据，并通过信息综合得到合理有效的结论。

四是预测判断能力。应急类创新创业人才要能够针对复杂安全工程问题，开发、选择与使用恰当的技术、资源、现有工程工具和信息技术工具，对复杂安全工程问题进行分析和预测。通过分析预测组织的业务可能会发生的变化，根据以往的结果预测未来的走向，从而尽可能做好预警，将风险控制到最低。

五是良好的沟通能力。作为新一代的创新创业人才，要能够就复杂安全工程问题与业界同行及社会公众进行有效沟通和交流，包括撰写各类报告和设计文稿，做出陈述与发言，自由清晰表达自己的观点或回应指令；具备一定的国际视野，能够在跨文化背景下进行沟通和交流。

六是勇于担当的能力。当代大学生必须敢于担当、能够担当，为实现国家发展贡献全部聪明才智。作为应急类创新创业人才更要有担当精神，能够基于工程相关背景知识合理分析和评价专业工程实践和复杂安全工程问题解决方案对社会、环境、安全、法律以及文化的影响，并理解应承担的责任。

七是团队合作能力。团队合作能力是指建立在团队的基础之上，发挥团队精神以达到团队最大工作效率的能力。对于团队的成员来说，不仅要有个人能力，更需要有在不同的位置上各尽所能、与其他成员协调合作的能力。

八是终身学习的能力。终身学习是一种持续的、自我激励的和自愿的寻求额外知识的愿望。终身学习能够促进社会进步以及个人和国家的成长。世界是变化的，新鲜事物层出不穷，教育是用来改变世界的有力武器，更为重要的是终身学习可以实现自我可持续性发展。应急类创新创业人才更应具有自主学习和终身学习的意识，有不断学习和适应社会发展的能力。

2.2 实践教学在应急特色创新创业人才培养中的地位

2.2.1 实践教学是应急特色创新创业人才培养的重要组成部分

实践教学在本科人才培养体系中具有重要作用。实践教学是高校人才培养过程中贯穿始终、不可缺少的重要组成部分,是提高人才培养质量的重要环节,是培养学生实践能力和创新能力的主要方法和手段,是巩固学科知识、训练科研素养、培养理论联系实际作风的重要途径。近年来,为加强本科教学,提高教育教学质量,教育部连续发布多个文件指导本科教育教学工作,并肯定加强实践教学对提高本科教育教学质量的重要作用,同时对如何加强实践教学也提出了明确的意见。

教育部等部门《关于进一步加强高校实践育人工作的若干意见》(教思政〔2012〕1号)明确提出:各高校要坚持把社会主义核心价值体系融入实践育人工作全过程,把实践育人工作摆在人才培养的重要位置,纳入学校教学计划,系统设计实践育人教育教学体系,规定相应学时学分,合理增加实践课时,确保实践育人工作全面开展。实践教学是学校教学工作的重要组成部分,是深化课堂教学的重要环节,是学生获取、掌握知识的重要途径。各高校要结合专业特点和人才培养要求,分类制订实践教学标准,增加实践教学比重,确保人文社会科学类本科专业不少于总学分(学时)的15%、理工农医类本科专业不少于25%。要全面落实本科专业类教学质量国家标准对实践教学的基本要求,加强实践教学管理,提高实验、实习、实践和毕业设计(论文)质量。组织编写一批优秀实验教材。思想政治理论课所有课程都要加强实践环节。

《教育部关于加快建设高水平本科教育全面提高人才培养能力的意见》(教高〔2018〕2号)指出:加强实践育人平台建设。综合运用校内外资源,建设满足实践教学需要的实验实习实训平台。加强校内实验教学资源建设,构建功能集约、资源共享、开放充分、运作高效的实验教学平台。建设学生实习岗位需求对接网络平台,征集、发布企业和学生实习需求信息,为学生实习实践提供服务。进一步提高实践教学的比重,大力推动与行业部门、企业共同建设实践教育基地,切实加强实习过程管理,健全合作共赢、开放共享的实践育人机制。

《教育部关于加强和规范普通本科高校实习管理工作的意见》(教高函〔2019〕12号)指出:加强大学生实践能力、创新精神和社会责任感的培养,是提高高等教育人才培养质量的重要内容。

通过教育部下发的文件我们可以看出,国家对实践教学的重视程度越来越高,对培养应用型创新创业人才也越来越重视。同时,国家对实践教学的要求越来越具体,对实践教学的具体的学分、学时的规定要求也越来越明确,措施越来越具有可操作性。

理论教学与实践教学是本科教育教学的两个不可分割的组成部分,如车之两轮、鸟之两翼,共同发挥对人才的培养作用。实践教学是本科教学体系和实施素质教育的重要组成部分,是理论联系实际,培养和锻炼学生实践能力、创新能力和综合素质的重要环节。对于以培养具有创新精神和实践能力的应急特色人才为目标的高校而言,实践教学具有更加重要的地位。

2.2.2 实践教学是应急管理类高校培养创新创业人才的必由之路

实践教学是高校培养应急类创新创业人才的必由之路。原教育部部长周济曾在全国普通高等学校本科教学工作会议上指出:知识来源于实践,能力来自于实践,素质更需要在实践中养成;各种实践教学环节对于培养学生的实践能力和创新能力尤为重要,对于大学生成长至为关键。这段话集中概括了实践教学对于培养应用型人才的重要性。

为实现培养高素质的应急类创新创业人才这一目标,应急管理类高校不仅要抓好理论教学,更要抓好实践教学。通过实践教学,培养学生的实践能力、动手能力,突出知识理论的应用性。应急类创新创业人才应在具有丰富应急知识背景的基础上，具有较强的知识应用和探索实践能力、较高的综合素养，才能满足应急行业发展需要，才能受到人才市场的欢迎；否则，大学毕业生难以就业，教学质量也无从谈起。

目前，高校学生的就业压力越来越大，但是解决就业难题的源头性工作还是在高校。大学毕业生能否顺利就业，是否好就业，是衡量高校人才培养适应社会经济发展程度的度量表。当前，一方面是严峻的就业形势，另一方面仍然有不少用人单位招聘不到符合条件的毕业生，这说明人才培养质量还不能完全符合用人单位的需求。应用型高校必须大力加强实践教学，强化知识和技术应用能力的培养，着力提升毕业生的就业创业能力，才能培养社会需要的具有创新精神和实践能力的高素质人才、高水平应用型人才，学校也才能在竞争中立于不败之地。

高校应该坚持把实践教学、理论教学并重，实践教育与创新教育结合，在教学过程中把基础课、专业课、理论教学和学生动手能力的训练紧密结合在一起。验证性实验使学生进一步理解理论教学所教的内容，综合性实验使学生在验证理论和熟练技能的基础上提升应用能力、培养实践能力；通过各项技能竞赛、创新创业比赛、学生社团活动等课外实践，激发学生的求知热情；通过暑期大学生志愿者“三下乡”活动、社会调查、爱国主义教育、革命传统教育等系列社会实践活动，增强学生的知识应用能力和创新能力。所有这些，使学生在学中干、干中学，既增长了知识和才干，又养成了良好的品格。

2.2.3 实践教学是应急管理类高校科学研究的助推器

培养高素质的具有应急特色创新创业人才是应用型高校的主要任务。应急管理类高校的科学研究不是以理论创新为主，而是以技术和应用创新为主，与应急行业发展、地方经济社会发展的实际联系紧密。实践教学就是应急管理类高校开展科学研究的助推器，通过开展实践教学，广大师生深入生产一线，发现技术难题，寻找科研项目，搭建科研平台，取得为应急行业发展、地方经济社会发展所迫切需要的科研成果。校外实践教学基地多是产学研合作模式，在校内经过一定专业技能培训的大学生到实践基地中能为基地单位做些实事，师生共同为企业提供科技服务，为行业、区域经济社会发展服务。教师结合实践教学基地的科技水平和生产状况与基地单位共同申报课题，科研成果通过基地单位在行业和地方推广和应用，为应急产业和地方经济发展继续提供支撑，产生了良好的经济效益和社会效益，扩大了高校的影响力和辐射力。

2.2.4 实践教学是应用型高校为社会服务的重要途径

应用型高校大多属于地方高校，与地方经济社会发展紧密结合，是历史发展的必然趋势。应用型高校必须针对地方区域经济发展、产业结构优化与升级、高新技术产业发展以及城市化、资源综合利用和经济社会可持续发展等重大课题和难题开展研究，同时充分利用自身人才资源和教育资源的优势与地方开展多层次的人才交流和人才培训工作。鼓励专家教授积极参与地方经济建设，通过各种途径为地方经济社会发展服务，高校也在服务地方中实现自身的快速发展。

2.3 应急特色创新创业人才培养方案

为贯彻《国务院关于印发统筹推进世界一流大学和一流学科建设总体方案的通知》(国发〔2015〕64 号)精神，参照《普通高等学校本科专业类教学质量国家标准》，应急管理类高校应构建与学校发展目标相适应的人才培养体系，培养和造就适应国家战略需求、区域经济和行业发展的应用型高级专门人才。

2.3.1 指导思想

全面贯彻党的教育方针，遵循高等教育发展规律，坚持立德树人根本任务，以学生全面发展、国家应急管理事业和经济社会需求为导向，结合学校办学定位和人才培养目标，完善课程体系，优化教学内容，突出专业特色，强化内涵建设，提高人才培养能力。

2.3.2 人才培养目标

培养德、智、体、美、劳全面发展，具有高度社会责任感，良好的科学、人文素养，求真理、悟道理、明事理，富有安全意识、创新创业精神、国际视野，适应国家经济社会和应急管理事业发展需求的应用型高级专门人才。

专业培养目标要以教育部专业目录为基础，以学校人才培养总体目标为指导，结合专业自身特点和服务面向定位，确定各专业的具体培养目标。

2.3.3 人才培养规格

根据“学生中心、产出导向、持续改进，全面提高学生素质”原则，确定应急特色创新创业人才培养规格是：突出特色、基础适度、口径适中、实践能力强、综合素质高。

各专业要从知识、能力、素质这三个人才培养结构特征，提出人才培养的具体要求：对掌握科学文化知识、专业知识和相关学科知识的要求；对获取、运用、创新知识能力，如语言表达能力、计算机运用能力、外语能力、实验设计能力、动手能力等的要求；对业务素质、文化素质的要求。

2.3.4 课程体系结构

课程体系由理论教学与实践教学两部分构成。

（1）理论教学

理论教学部分主要包括通识教育模块、学科基础模块和专业教育模块。

① 通识教育模块

通识教育模块分为必修模块与选修模块。其中，必修通识教育模块包括思政教育模块、军事体育模块、语言文学模块、计算机科学模块、创新创业模块、特色模块等，是大学生知识、能力、素质培养的基础部分。

思政教育模块：思政教育课程按中宣部和教育部有关要求执行，

原则上由课内和课外两部分组成，每门课程应修满规定的课内教学任务，并完成一定比例的课外教学实践活动（如网络课程、录像、研讨、参观革命纪念地、社会调查等），课外部分不进入课表。该模块包括思想道德修养与法律基础、中国近现代史纲要等五门课程，共16学分。

军事体育模块：包括国防教育和大学体育两部分。按照《中华人民共和国兵役法》《中华人民共和国国防法》《中华人民共和国国防教育法》以及国家关于开展学生军事训练工作的有关要求，国防教育课程包括军事技能训练和军事理论教学两部分，其中军事技能训练时间为2周，军事理论教学为36学时。课程教学采取课内讲授与课外相结合的形式，安排在新生入学教育期间，共2学分。大学体育教学采取选课制，学生可以根据自身条件和爱好自由选择学习内容，掌握1～2项锻炼身体的方法。为进一步体现安全教育特色，在体育课学时中包括每学年8学时游泳课程，以普及水中安全自救和水上救生本领。对参加学校运动队训练和比赛的学生可开设特选体育课。

创新创业模块：开设创业基础课程，一般为32学时。创业基础课程是实践性很强的课程，鼓励采用课堂讲授和动手实践相结合的方式，在做中学、学中做，通过边学边做提高学生的创新思维和能力。利用学校项目孵化平台、校外创新创业孵化基地和社会孵化器资源，加强学生校外实践教育和创新创业训练。

特色模块：开设“安全素质教育”课程，涉及安全科技、安全心理、安全健康、安全法制等方面的内容，可依据专业特点开设以安全科技知识、基本应急救援能力、大学生身心健康、安全行为规范和基本的安全法律法规为主的专业方向课程。安全科技概论和安全法律法规可根据专业需要合并为一门课程，或者开设一门专业安全方面的课程。

选修通识教育模块是根据当代大学生素质培养和知识结构提升的需要而设置的一系列课程。按照课程的学科性质将选修通识教育模块分为人文素质、自然科技、经济管理、艺体健康等四大模块，目的是提高学生的文化品位、审美情趣、身心健康、人文素质和科学素养。推荐使用各类网络教学平台，进行线上线下相结合的混合式教学和考核方式。理工科专业学生至少选修人文科学类课程 3 学分。

② 学科基础模块

学科基础模块按照《普通高等学校本科专业类教学质量国家标准》中学科基础知识设置课程，进行适当口径专业基础教育，涵盖依据二级学科设置的各专业共同的课程与依据主干学科的该专业的学科基础方面课程，主要包括各相关专业的基础知识、基本理论、基本技能的课程，目的是夯实学科基础。

③ 专业教育模块

专业教育模块包括专业基础课程和专业方向及专业前沿课程。具体设置内容由各专业自行确定，但应包括各专业的专业核心课程。

专业基础课程是按社会需求和专业学科发展需要所开设的反映人才知识结构要求的若干门课程，围绕《普通高等学校本科专业类教学质量国家标准》中专业知识体系设置，主要包括该专业的基础知识、基本理论、基本技能的课程，目的是夯实专业基础。

专业方向及专业前沿课程是根据社会实际的人才岗位群需求，在专业基础课程的基础上从深度上体现该专业内涵和特色的一系列课程，目的是使学生进一步扩充和强化专业相关知识和技能。其中有些课程因关系相对紧密，自成体系结合在一起，形成专业方向结构性模块，未设专业方向的规模较大的专业可设置 2～3 个模块课程，学生必须选择一个模块(各专业模块课程的学时数、学分数应一致)；有些课程关系相对松散，无须自成体系，学生可以任意选择。鼓励各专业在第 5～7 学期开设双语教学课程或其他英语类选修课程。该模块根据需要设置相应的选修课程，学生必须修满 12 学分才能毕业。

(2) 实践教学

实践教学有教学实验、课程设计、毕业设计(论文)、实践训练、科技活动、认识实习、生产实习、毕业实习和社会实践等形式。笔者会在后面的章节里重点介绍，这里不再赘述。

3 应急特色创新创业人才培养的实践教学体系的构建

3.1 实践教学体系现状

近年来，我国各高校纷纷加大对实验室的建设投入，以改善实践教学条件，积极开展实践教学改革，这不仅有效促进了学生实践能力和创新能力的提升，还为实现培养创新型人才的目标奠定了坚实基础。然而，在高校实践教学改革的探索阶段，仍然存在着一些问题。

(1) 高校对实践教学的认识和重视程度有待加强

目前，一些高校受传统教学模式的影响，重理论轻实践、重知识传授轻能力培养，实践教学长期处于高校教学活动中的次要地位。在高校目前制定的人才培养方案中，以理论课程的知识能力培养为主，以实验环节的实践能力培养为辅。这种实践教学定位和人才培养模式已经难以满足培养学生实践能力和创新能力的需求。实践教学活动一方面能够使学生将理论知识联系到实践中解决实际问题，另一方面锻炼学生发现问题、分析问题和解决问题的能力。实践教学的这些优势是理论教学难以替代的。因此，高校需要尽快转变教学观念，确立实践教学在创新型人才培养过程中的主体地位。

(2) 实践教学改革缺乏系统性

很多高校把实践教学体系构建的重点放在了实践教学活动上，虽然开设了实验、实训、实习等多种实践教学环节，且各个环节都有一定的时间保证，但是各环节之间缺乏有效的内在联系和有机结合，这种无序的状态与创新型人才培养目标有较大的差距。实践教学作为相对完整的教学体系，具有相对独立性，在建设、实施的过程中应避免孤立性、片面性，需要紧紧围绕专业人才培养目标，运用系统性思维和整体优化思想指导实践教学体系的构建。

(3) 实践教学体系缺乏配套的保障支撑

与高校理论教学相比，实践教学活动的开展需要投入更多的人力和物力，不仅受到实验设备、实验场所和实践教学师资等条件的限制，而且还需要得到社会、企业的支持，操作起来难度较大。在师资队伍培养方面，缺乏具有过硬操作技术和经验的实验老师；在实践教学硬件设施建设方面，实验室建设、设备更新、实验条件改善都需要大量的资金投入，一些有能力的高校虽然建设好了实验室，但是缺乏合理的运行和共享机制；在实践基地建设方面，许多高校建立的校外实践基地数量不足，且其中有相当一部分稳定性不高，难以持续发挥实践基地的效用；在实践教学教材方面，没有针对性的实践教学教材可以参考学习。

3.2 实践教学体系构建原则

各高校在构建实践教学体系时既要遵循高校基本办学规律，也要反映出高校自身办学特色，具体说来就是要坚持以下原则。

(1) 系统性原则

当今社会对应急特色创新创业人才的要求包括知识、能力、素质三个方面，且三者缺一不可。而应急管理类高校作为向社会输送此类人才的主体，在构建实践教学体系时要紧紧围绕着这三个方面，以应用能力和综合素质为核心，使各个组成部分相互协调、相互配合、相互补充、相互促进。实践教学体系构建还要考虑到教育教学规律，全面掌握受教育对象的学习特点，遵从简单到复杂、从基础到综合的顺序，分阶段、分层次进行。另外，实践教学体系服务于应急特色创新创业人才培养方案，要自觉按照人才培养方案的总体规划构建，形成系统性。

（2）特色发展原则

对于应急管理类高校来说，要合理定位，突出办学特色，形成自己的办学理念和风格，最关键的就是能够在办学中体现出自身特色与优势，而最能彰显学校特色的就是结合学校人才培养方案与内涵式发展道路的实践教学。应急管理类高校坚持特色发展原则就是要围绕学校的人才培养特色、学科专业特色和服务面向特色等因素综合考虑，充分挖掘学校自身的资源优势和利用学校外部的资源优势。在实践教学内容选择上要强化优势项目、优势学科，把各项优势培育成学校特色，在课程实践、专业实践、社会实践的基础上不断更新教学内容，探索新的实践教学方法。

坚持特色发展原则，在构建实践教学体系时，扬长避短，积累优势。在实践教学内容选择上，强化学校优势学科，凸显为区域经济发展服务的理念；在实践教学管理中，有所为有所不为，把优势、重点学科建设作为发展的突破口，以点带面，使特色成为发展的核心竞争力。

（3）以学生为主体的原则

以人为本是现代社会一个重要理念，而教育作为“促进社会发展与完善的崇高事业”，自然要严格贯彻、体现这一时代理念，切实做到以学生为主体。应急管理类高校伴随高等教育大众化而产生，随着学校规模的扩大，学生群体出现了多样化趋势，学生学习能力、学习兴趣等方面的差异日益显现。因此，尊重学生个体差异，满足不同学生群体的学习需求就成为培养应急特色创新创业人才的关键，也是提高实践教学质量、构建完善实践教学体系的保障。应急管理类高校构建实践教学体系时，应该全面了解受教育对象的个性、能力差异，并且将这些学生群体按照一定的标准划分为几大类，因材施教。另外，坚持以学生为本原则，还要求高校在实践教学中以全面提升学生综合素质为目标，按照学生差异化的需要设计多层次的教学内容，完善教学环节，丰富教学方式方法。

(4) 适应行业发展原则

应急产业发展需要大量具有应急特色的创新创业人才，而应急管理类高校作为为应急行业服务的高校，办学资源大多依赖应急行业，因此就要立足于行业发展，并积极创造条件融入行业发展中去，为应急产业输送急需的专业性人才。在构建实践教学体系时，应急管理类高校要考虑到适应行业发展需要，科学制定目标任务要求，给学生搭建多样化锻炼平台，"着重培养学生'将理论转化为技术、将技术转化为生产力'的能力"。针对行业发展需要进行调整，适时改革实践课程，并随之优化教学方式方法，与行业发展对接。通过实践教学做好教学、生产、科研的结合，为应急产业发展注入新鲜"血液"。

3.3 实践教学体系构成要素

3.3.1 实践教学目标体系

实践教学目标体系指的是各专业根据人才培养目标和培养规格的要求，结合专业特点制定的本专业总体以及各个具体实践环节教学目标的集合体。它是实践教学应达到的标准，主要包括实践教学体系的总目标以及根据素质和能力划分形成的子目标，有专业认知目标、专业技能目标、综合应用能力及素质目标。在整个实践教学体系里，目标体系处在核心位置，制约着其他子体系发挥作用的大小，驱动着整个系统的运转。

3.3.2 实践教学内容体系

实践教学内容体系主要涵盖教学层次划分、环节设置、应用型课程开发、教学方法探求几部分。其中，实践教学层次的划分遵循一定的规律，由简及繁、由低级到高级，依次包括基本技能培养、专业技能培养、综合应用能力培养三个层次；实践环节主要分为实验、实训、实习、课程设计、毕业论文(设计)、社会实践，环节设置时遵循由易到难,大学四年不断线原则;应用型课程的开发要注意综合考虑政府、企业以及学校的影响,以求课程的适用、创新,有利于学生实践能力培养。实践教学内容体系属于整个实践教学体系的运行系统,其优化有助于整个体系的良性运转。

3.3.3 实践教学管理体系

实践教学管理体系起控制、反馈、调节作用,由组织机构、人员、规章制度、手段方法以及对实践教学质量的监控、考核等组成。与理论教学相比,实践教学具有很高的复杂性,这是因为实践教学中所要管理的设备多、人员复杂、教学场地差异大、教学过程调控难度大,而且实践教学管理没有很成熟的经验可供借鉴,大多数院校尚处于摸索状态。

3.3.4 实践教学保障体系

保障体系,顾名思义就是对实践教学质量起到保障作用的系统,保障是否有力直接关系到实践教学效果的好坏。它主要由双师型师资队伍、实践教学基础设施及实践基地等组成。其中,建设一支既熟悉理论教学又有丰富教学一线工作经验的专兼职教师队伍,对保障应急管理类高校实践教学体系的良好运行意义重大。

3.4 实践教学体系构建途径

3.4.1 构建合理的具有应急特色的专业课程体系

应急特色的实践教学体系源于科学、合理的应急特色专业课程体系,即包含各实践教学环节在内的专业的培养方案。专业课程体系实质上是对实践技能的理论支撑,所以当课程体系一旦确定,相应的专业技能及其结构也就确定。若随意变动其中的一门课程,哪怕是变动一种课时比例结构,都会使学生的专业技能和结构发生改变。因此,构建科学合理的专业课程体系对学生专业技能的训练非常重要。

作为应急管理类高校,在构建专业课程体系时要突出应急特色，即专业教学计划中要注意突出学生应急和创新能力的培养。高校具有修订、完善教学计划的自主权，要针对知识更新、社会和行业对人才的需求适时地修订教学计划。同时，高校要明确教学计划中课程设置的基本要求，要整合课程资源，优化课程结构，科学处理理论与实践、课内与课外、集中与分散的关系，使专业课程体系既适于理论知识的传授又适于实践技能的养成。专业课程体系的修订与完善应遵循“从出口往回找”的课程设置原则，从社会需求、学生需要的实际出发，实现与实际工作的“零距离”，建立起人才培养与学生就业的“无缝隙”对接的动态更新机制。

3.4.2 构建合理的应急特色的实践课程体系

科学、合理的应急特色的实践课程体系是科学、合理的实践教学体系的先决条件。科学、合理的应急特色的实践教学体系直接受制于科学、合理的实践课程体系。一般来说，有什么样的实践课程体系，就有什么样的实践教学体系，但是，实践教学体系又会对实践课程的设置产生一定的反作用。在实际教学过程中，当施教者发现实践课程的设置不利于学生技能的养成时，就会提出修改实践课程体系。因此，两者是相互促进、相辅相成的。

应急管理类高校构建科学、合理的实践课程体系，要从学生应急特色的专业技能养成的角度出发，合理地设置每一门实践课程，既要考虑到课程之间的衔接关系，又要避免课程之间在技能训练上的交叉重复；既要有效地利用学生在校期间的时间，又要合理地利用学生假期时间，逐步把实践课程的设置在空间上由学校扩展至社会，在时间上由课内扩展至课外。

3.4.3 设计科学、合理的实践技能训练方案

一是构建科学、合理的课程技能训练方案。课程技能训练方案是指针对与单门课程相对应技能的训练方案。任何一门课程，不论是理论型、实践型还是理论实践型，都有与其相对应的技能要求。要设置科学、合理的课程技能训练方案，首先要明确与课程相对应的技能是什么，还要明确训练这些技能应遵循的程序是什么，

可采取的方法、手段有哪些等,同时,更要把课程技能训练放到专业技能训练的大背景中设计;否则,课程技能就会成为孤零零的碎片,不利于专业技能的养成。

二是构建科学、合理的专业技能训练方案。专业技能训练方案是针对某专业最终所要养成的技能而设计的训练方案。专业技能训练方案的科学性,体现在各单门课程技能训练方案的科学性及它们的有机统一性上。

构建科学、合理的专业实践能力训练方案,要明确专业实践能力训练方案是课程训练方案的有机整合,而不是它们的碎片式拼凑,从而防止人力、物力、时间等资源的浪费;要凸显课程技能在专业实践能力中的构成地位,避免实践能力训练的交叉、重复;要明确实践能力训练的前后逻辑性及螺旋式推进的过程,加强专业实践能力方案设计的可操作性;要加强专业实践能力训练的质量监控,尤其是过程监控,最终创建高效合理、便捷实用的专业实践技能训练体系。

3.4.4 搭建科学、合理的实践教学评价系统

加强对实践教学体系的评价,是构建科学、合理的实践教学体系的重要保证。实践教学从单门课程到体系构建是一个逐步发展、逐步完善的过程。评价实践教学体系,既要对单门实践课程的教学进行评价,又要对实践课程体系的教学进行评价。

单门实践课程的教学评价主要应从单门实践课程的构成要素入手,诸如实践教学大纲、实践指导教师、实践教学方案、实践(授课)计划、作业习题、考试考核办法、参考资料及文献等。要建立针对上述每一要素的质量监控体系,要从过程管理、环节调度等方面把单门实践课程的评价工作做稳、做实。

实践课程体系的教学评价主要应从整个课程体系的构成要素入手。实践课程体系的构成要素主要包括组织机构建设,实践教学大纲、实践计划及方案的制订,实验室及基地建设,实践教学考核,实践教学安全与管理等。要建立针对上述要素的目标管理方

案，并通过定性与定量相结合的方式对上述要素进行评价。

3.5 应急特色创新创业人才培养的实践教学体系具体内容

应急管理类本科高校实践教学体系的结构既具有一般高校实践教学的共性特征，也具有自身的一些个性特征。下面分别从目标、内容、组织、制度四个层次论述如何设置应急管理类本科高校实践教学体系，以确保应急特色的创新创业人才的培养，切实提高实践教学质量。

3.5.1 实践教学目标体系

实践教学体系的目标体系由人才培养目标、培养过程、培养质量三个子系统构成。

（1）培养目标

应急管理类高校培养的人才最终要流入人才市场，要为应急行业、区域以及社会经济发展服务，所以高校人才培养目标必须要以人才需求为导向，忽视市场对人才的多层次、多方位需求，就可能导致大量人才和教育资源浪费。因此，应急管理类高校办学指导思想、发展规划、培养方案、教学计划以及所有具体的教育教学活动特别是实践教学，都要将应急特色创新创业人才培养目标作为统领一切的灵魂。实践教学的安排与设置一定要与人才培养目标、培养模式、培养方案等高度一致。

（2）培养过程

实践教学培养过程体系主要考虑按人才培养目标设置的实践教学环节是否能达到预期的目标，能否有充足的师资、场地、设备确保按时进行实践教学，各类实践考核方式是否恰当、评分标准是否科学、执行过程和效果有无质量监控等。

（3）培养质量

结果往往最能反映过程和目标。应急管理类高校要办出特色，不仅仅是要有办学过程的特色，还是要有结果的特色，要把特色集中体现在培养的学生身上。实践教学能否达到预期的教学目的，可以通过学生的创新和科研能力、毕业率、就业率、就业层次以及用人单位的评价等指标反映。

通过实践教学目标体系的建设，可以给实践教学一个明确、可行的导向，促进实践教学质量不断提高。

3.5.2 实践教学内容体系

实践教学内容体系是目标体系的具体体现。围绕实践教学目标，制定具体的实践教学内容，主要包括实验教学、实习教学、毕业设计（论文）和科技竞赛等内容。

（1）实验教学

实验教学以提高实验动手能力为主线，以掌握基本实验技能和方法、融会贯通科学知识、促进科学思维和创新思维为主要教学目标。

应急管理类高校应不断深化实验教学改革。近年来，许多高校对实验教学做了大量有益尝试，在学科群或专业大类的平台下整合、优化实验教学内容，创建新的实验教学体系。在保证掌握基本知识、基本技能和方法的前提下，压缩甚至淘汰演示性、验证性实验，增加综合性、设计性和研究创新性实验。为加强实验教学，保证教学实验的质量，对于系统性较强、实验项目较多、实验课学时比例较高的实验可进行科学整合，单独设课，单独考核。

（2）实习教学

实习教学是本科教育中的一个重要实践教学环节，其目的是使大学生了解社会、接触实际、增长知识以及增强劳动观念和责任感，培养大学生的独立工作能力。

应急管理类高校应高度重视实习教学，结合应急行业特点加强校内外实习基地的建设，强化产学研合作教学。随着我国经济体制改革的不断深化和产业结构的变化调整，传统的实习模式受到了严峻挑战，应及时调整培养计划和实施手段以适应形势的发展变化，使实习逐渐由传统工业向高科技转变，由国有企业向多类企业转变，由单纯教学实习向科研实习、就业实习转变。高校要提倡实习模式的多样化，集中实习和分散实习相结合，校内实习与校外实习相结合，走出去实习和请进来实习相结合，实习与教师的科研相结合，专业实习与毕业设计（论文）相结合，根据具体情况，灵活安排实习。

（3）毕业设计（论文）

毕业设计（论文）是高校实现培养目标的重要教学环节。毕业设计（论文）在强化大学生的社会意识、训练其基本科研能力、提高其综合实践能力与素质等方面，具有不可替代的作用，是教育与生产劳动和社会实践相结合的重要体现，是培养大学生的创新能力、实践能力和创业精神的重要实践环节。同时，毕业设计（论文）的质量也是衡量高等学校教学水平、学生毕业与学位资格认证的重要依据。做好高校的毕业设计（论文）工作，对于提高大学生的综合能力和全面素质、提升学校教育教学工作的质量和水平具有重要意义。

（4）科技竞赛及其他

科技竞赛也是实践教学的一种形式，是培养大学生应用能力和团队合作精神、实现创新教育的有效载体，是展现高校教育教学质量的重要平台。

为加强应急特色的创新创业人才的培养，应急管理类高校应大力鼓励学生科技创新，并将科研成果转化为学术论文或专利。鼓励开展社会调查、社会实践等各种各样的课外科技实践活动，营造创新人才培养的良好环境。通过鼓励学生参加科技创新和各类创业大赛，以赛促学，培养创新创业生力军。激发学生的创造力，激励广大青年扎根中国大地了解国情民情，锤炼意志品质，开拓视野，在创新创业中增长智慧才干，把激昂的青春梦融入伟大的中国梦，努力成长为德才兼备的有为人才。以赛促教，探索素质教育新途径。国家教育主管部门可把科技竞赛作为深化创新创业教育改革的重要抓手，引导各类学校主动服务于国家和区域发展战略，深化人才培养综合改革，全面推进素质教育，切实提高学生的创新精神、创业意识和创新创业能力；推动人才培养范式深刻变革，形成新的人才质量观、教学质量观、质量文化观。以赛促创，搭建成果转化新平台。推动赛事成果转化和产学研用紧密结合，促进“互联网＋”新业态形成，服务经济高质量发展，努力形成毕业生高质量创业、就业的新局面。

为此，各类学校设置科技创新类竞赛特别有必要，可以激励学生去认真学习、巩固必须掌握的基本技能。如笔者所在高校根据《国务院办公厅关于深化高等学校创新创业教育改革的实施意见》（国办发〔2015〕36 号）、《国务院办公厅关于进一步支持大学生创新创业的指导意见》（国办发〔2021〕35 号）等文件要求，为体现学校服务国家应急管理事业的办学特色，提升创新创业人才培养质量，持续激发大学生创新创业热情，并为学校参加各类创新创业竞赛储备参赛项目，每学期会举办一次创新创业大赛。参赛团队一部分是创业课程产生的优秀课程团队，同时也鼓励学生跨专业、跨学院组建团队报名参赛。获奖项目优先推荐参加全国大学生电子商务“创新、创意及创业”挑战赛、“挑战杯”全国大学生课外学术科技作品竞赛和中国大学生创业计划竞赛、中国国际“互联网＋”大学生创新创业大赛等几大创业赛事；也可优先以竞赛项目申报国家级、省级或校级大学生科技创新创业训练项目；获奖项目中具备可孵化潜力项目可直接免答辩入驻学校众创空间。

上述实践教学内容体系的各环节相互联系、相互渗透，学校应根据各学科专业的实践教学目标设置相应的实践教学内容。无论是哪个环节，都应以探究式教学为基础，教学内容与学科发展及社会经济发展保持紧密联系，特别是毕业设计（论文）等环节应与最新科研内容紧密结合。实施柔性实践教学计划，在保证基本目标的前提下，通过教学内容的多选择性，允许学生根据自己的实际情况有目的地选择实践教学项目，因材施教、因地制宜，充分调动学生的能动性和自主性，使学生在获得实践训练的同时，享受到人性化的“教育超市”服务。

3.5.3 实践教学组织体系

高校应组建由学校、学院、系构成的三级监控组织，从不同层面上对实践教学环节进行质量监督和检查。

（1）校级督导组织机构

学校教务处是教学监督、检查执行的中枢，代为检查、监督的组织是校级教学督导团。校级教学督导团由教学经验丰富、德高望重的老教师（或退休教师）组成，他们负责全校理论教学和实践教学环节执行情况的检查。以他们高度的责任心和对青年教师的关爱，既能达到监督检查的效果，又能实现指导的目的。

（2）院级督导组

院级教学督导组主要由主管教学的院长牵头，由德高望重的老教授和系主任构成，负责学院层面的理论教学和实践教学质量的检查。学院教学督导组会对全院的实践教学质量进行把关，确保每项实践教学任务能按计划执行，并能达到预期目的。

（3）系（教研室）督导组

系（教研室）教学督导组是实践教学监督、检查最直接和最关键的组织，是检查实践教学是否达到预期目的、是否符合本专业人才培养目标要求的最终确定机构。系（教研室）督导组一般由教研室主任和2～3名实践教学经验丰富的教师组成，负责本专业各类实践教学的事前、事中和事后的监督、检查和指导工作。

3.5.4 实践教学制度体系

（1）资格考核制

为了保证教学质量，教师上岗之前均要试教（讲），但试教（讲）通过者仅表示他能胜任理论教学，并不代表他能胜任实践教学，尤其是从学校到学校的教师，缺乏实践感知和动手操作的能力。建立实践教学教师资格考核制，并辅以实务训练制度和“双师型”培养制度，使负责实践教学的教师能胜任该项工作，同时使各项实践教学达到预期的教学目的。比如有的高校在经管类专业中推行实务训练制度和“双师型”培养制度,鼓励教师脱岗到企事业单位进行挂职实务训练,经定期考核合格颁发双师资格证书,不具有资格证的教师不能担任实践教学工作;连续两年完不成考核给予一次再脱岗实训的机会,经考核仍不能获得双师资格证书者将会被调离教学岗位。

(2)巡检制

实施由校院级教学督导成员、学校实践教学负责人以及专业负责人构成的三级巡视、监督检查,保证每次实践教学环节能严格按实践教学大纲去执行,达到各专业的人才培养目标,突出各专业人才培养特色。当然各层次检查的侧重点不同,校级教学督导组、院级教学督导组主要检查实践教学每个环节的落实以及执行状态和学生反映情况,有偏差及时通知教学单位,责成相关指导教师进行整改;学校实践教学管理部门主要检查教师及学生的到位情况、实践教学运行情况,有异常的当即责成有关人员改进;专业负责人对实践教学效果,如学生掌握技能情况、报告书规范情况、指导教师填写指导日志情况进行综合检查。有了三级巡检制,实践教学就能按照实践教学执行计划和实践教学大纲正常有序进行,达到预期的实践教学目的。

(3)学生评教制

学生评教在各高校都已开展,且大都实施了网上评教,但现在的评教大都针对理论教学,实践教学环节并没有纳入监督之列。虽然实践教学与理论教学差别很大,但是实践教学更应该纳入评教系统进行监督和控制。现在社会对大学生是否拥有本专业的基本技能和动手能力等越来越重视,因此,大学生对本专业实践教学要求也越来越高。将实践教学纳入评教系统,有利于实践教学工作的开展和教学质量的提高,从而大学生对实践教学的满意度也将随之逐渐上升。

3.6 突出应急特色的"四位一体"的立体化实践教学体系

高校实践教学是人才培养的重要组成部分，经过多年的实践和探索，笔者所在高校已经从实践教学目标、实践教学内容、实践教学保障和实践教学评价四个方面构建了"四位一体"立体化的实践教学体系，形成"三层次、五模块、三平台支撑"的格局，不断创新实践教学模式，从而提升实践教学育人水平。

3.6.1 实践教学目标和内容体系

高校的实践教学按"分层培养，层层递进，逐步提高"的方式，建立了"三层次、五模块"的实践教学体系，即将实践教学目标分为普适基本技能层次、学科专业技能层次、专业技术应用与综合技能实践训练层次等三层次，形成教学实验、实习实训、课程设计、毕业设计(论文)和社会实践等五模块的实践教学内容。

(1) 普适基本技能层次

主要依托校内工程训练中心、基础实验室和校外实践教学基地，通过通识基础实验教学模块和金工实习、认识实习等实习实训模块训练低年级学生的基本技能，为后续课程的学习提供工程背景、训练基本技能，激发学生的求知欲和对专业的兴趣。

认识实习：组织学生到相关企业，让学生了解生产的技术环节与管理等非技术因素。

金工实习与电工电子实习：使学生掌握一定的操作技能与实践知识。

产品的制作实践：使学生完成初级的工程实践课题。

电子基础实践及上机操作：使学生对计算机及电子技术的应用有初步认识。

(2) 学科专业技能层次

主要依托学科专业实验室和校外实践教学基地，通过学科基础课程的实验模块和生产实习实训等，同时引入现代化教学手段和仿真实验教学手段，训练中高年级学生的专业技能和实践动手能力。

通过该层次的训练，使学生养成严谨、细致的科学工作作风和科研动手能力，进一步掌握实验设计、装置准备、数据采集及处理、结果分析及报告写作等方法，了解科学创新的基本过程，增强创新意识。

(3) 专业技术应用与综合技能实践训练层次

主要依托专业实验室、开放实验室、校外实践教学基地，通过综合课程设计、专业综合实验、毕业实习与毕业设计(论文)等模块，培养学生发现、提出、分析和解决问题的能力，使学生了解技术进步的发展动向，增强综合判断能力和工程技术素养。

通过学生参加科研训练项目、创新实验、学科竞赛和综合设计实验活动等并取得一定成果，如公开发表论文、获取专利或者自主创业等，获得创新创业实践能力学分。该类学分认定后可转换为选修课学分。

3.6.2 实践教学保障体系

实践教学保障体系主要包含三大实践教学平台的支撑(实验教学平台、虚拟仿真实验教学平台和实践教学基地平台)、实践教学制度保障以及实践教学经费保证三个方面。

(1) 三大实践教学平台

学校构建了以省级实验教学示范中心、校级重点实验室为主体的实验教学平台，以校级虚拟仿真实验教学中心、虚拟实验项目为主体的虚拟仿真实验教学平台，以大学生校外实践教育基地为主体的实践教学基地平台。三大实践教学平台用于支撑实践教学的正常开展，基本能满足学生课程实验、开放性实验、实习实训、各类课程设计、毕业实习和毕业设计(论文)等的需要。

(2) 实践教学制度

学校制定了《实习环节质量标准》《实验教学环节质量标准》

《本科毕业设计(论文)环节质量标准》《实习环节质量评价标准》等一系列文件,规范和指导实践教学环节的正常运行。

(3) 实践教学经费

学校重视实践教学的投入,近几年逐步加大投入,每年对教学仪器设备购置、实习经费、实验室建设、实践教学基地建设等投入一定的资金进行支持,改善实验室和实习实训基地的条件,保障实践教学的顺利开展。

3.6.3 实践教学评价体系

高校通过实验教学听课抽查、实践教学专项检查、实践教学质量评价等多种形式,采用现场检查、电话督查、座谈会、个别访谈等方式,从学生、实习单位、教师、教学督导专家多角度对实践教学进行评价,主要包括实践教学条件评价、实践教学过程评价、实践教学效果评价三个方面,全方位、全角度地对实践教学进行监控和评价,加强实践教学宏观调控。

(1) 实践教学条件评价

通过实践教学场所实际考察、问卷调查等方式评价实践教学条件是否满足实践教学的需要。

(2) 实践教学过程评价

通过实践教学过程现场考察、座谈会、问卷调查等方式评价各教学单位制订实践教学的计划和方案、进行各项准备工作以及实践教学实施过程的情况,协调并解决实践教学过程中的困难和问题,保证实践教学的顺利实施。

(3) 实践教学效果评价

通过查看实践教学资料、座谈会等方式对实践教学计划完成情况、学生实践效果、实践教学成果等方面进行评价。

实践教学体系见图 3-1。

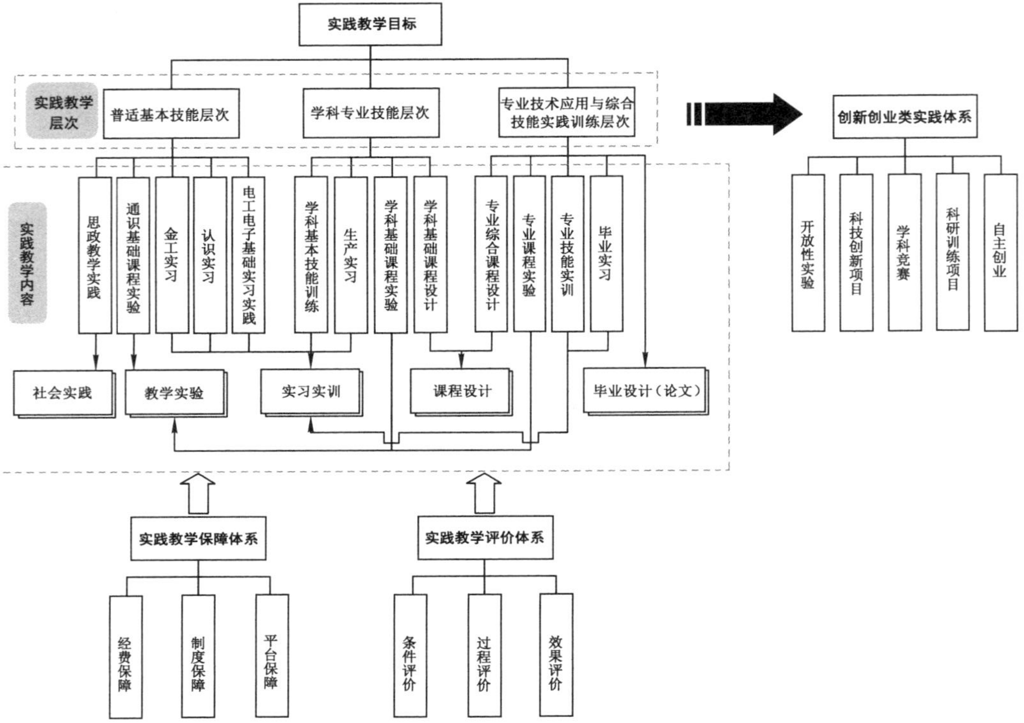
实践教学目标
实践教学层次
普适基本技能层次
学科专业技能层次
专业技术应用与综合技能实践训练层次
实践教学内容
思政教学实践
通识基础课程实验
金工实习
认识实习
电工电子基础实习实践
学科基本技能训练
生产实习
学科基础课程实验
学科基础课程设计
专业综合课程设计
专业课程实验
专业技能实训
毕业实习
社会实践
教学实验
实习实训
课程设计
毕业设计（论文）
创新创业类实践体系
开放性实验
科技创新项目
学科竞赛
科研训练项目
自主创业
实践教学保障体系
经费保障
制度保障
平台保障
实践教学评价体系
条件评价
过程评价
效果评价

图 3-1　实践教学体系图

4 高校实践教学管理

4.1 实验管理

实验教学是学生学习科学知识和培养实践能力、创新精神的重要环节；是学生在实验老师的指导下，借助于仪器设备进行独立操作，以获得直接经验，培养技能、技巧的一种教学形式和方法。通过实验教学，使学生掌握实验的基本原理、基本方法、基本操作和基本技能，获得独立测量、观察、处理实验数据、分析实验结果、书写实验报告等能力。

实验教学的主要目的是对学生进行实验技能的基本训练，通过学生独立动手操作，巩固、深化和扩展学生的理论知识与初步的专业技能，提高学生获取信息和综合处理信息的能力、文字和语言表达能力以及协作能力，从而提高学生分析问题和解决问题的能力，培养理论联系实际的学风和实事求是的科学态度，并获得科学研究的初步训练。

4.1.1 实验教学的形式和实验类型

实验教学的形式分为理论课程内的实验、独立设课的实验。实验类型分为验证性实验、综合性实验和设计性实验。各学院或实验室要制订实验研究(含实验教学法、实验技术、实验装置的改进等)的计划、设计方案，积极进行实验教学改革，优化实验教学体系，更新实验教学内容，增开设计性、综合性、创新性和研究性实验，不断提高实验教学的质量和水平。

(1) 课程内实验

课程内实验指穿插在课堂教学过程中进行的实验。当实验教学学时不多时，往往将实验教学与理论教学合在一起作为一门课程，将实验课的成绩作为理论课成绩的一部分，或者作为平时成绩计入理论课成绩中。

(2) 独立设课的实验

独立设课的实验是作为一门课程来安排教学时间的。有些实践性很强的课程，实验教学内容多、学时多，可以将实验教学单独作为一门课程开设，单独考核，单独计学分。在实验室开放的情况下，可采用分散形式进行实验，由学生预约登记，选定实验时间进行实验。

4.1.2 实验教学的组织与管理

(1) 实验教学的准备

实验室应根据培养计划的要求编写独立设课实验的实验教学大纲(课程内实验学时大于等于6学时的实验也应编写实验教学大纲，小于6学时的课程内实验教学大纲并入课程教学大纲)，开设出规定的实验项目，选定或编写合适的实验教材。实验课教师在每次实验前应做好仪器、设备等各项准备工作，确保实验正常进行。实验室应按教学要求组织集体备课，规范实验教学内容。实验指导教师应亲自试做教学计划规定开设的每一项实验。

(2) 实验指导书

各类实验均需根据实验教学大纲要求选用或编写实验指导书，并在实验教学进行前印发给学生。实验指导书要明确实验目的、实验要求和注意事项等。验证性实验应说明实验原理、实验方法以及实验步骤；综合性实验的实验内容应涉及本课程的综合知识或与本课程相关课程的知识；设计性实验应给定实验目的要求和实验条件，由学生自行设计实验方案并加以实现。此外，综合性、设计性实验还可列出一些参考文献，要求学生查阅。实验都由学生自己动手，教师仅起指导作用。

(3) 实验教学的组织与指导

实验教学必须由具有指导实验资格的教师或实验技术人员担

任，准备实验的实验技术人员必须参与实验指导过程。对首次上岗指导实验的教师或实验技术人员必须进行试讲试做，合格后方可指导实验。任课教师必须参加所讲课程实验的巡视指导，解答实验过程中学生提出的问题。实验技术人员课前必须认真做好实验准备工作，检查仪器设备、材料等是否完备。

实验课教师应向学生清楚阐述实验原理、仪器、设备操作规程以及实验教学要求；实验示范操作熟练、规范，正确掌握时机，确保实验教学的效果和实验安全；实验过程中应加强检查指导，观察、记录和评定学生操作情况；严格要求学生遵守实验规则，正确使用实验仪器和设备，培养学生严肃的科学态度和严谨的工作作风。教师应结合教学内容启发诱导、激发学生主动参与教学活动的热情，认真指导学生的基本技能操作，重视培养学生的综合能力。理论课的主讲教师必须参与指导学生实验，主动与实验技术人员合作，结合最新的科研成果，不断更新和充实实验教学内容。

实验指导教师应加强业务学习，积极参与科研项目，不断提高自身的业务能力；注意探讨和改进实验教学方法，不断完善实验教学手段，充实更新实验内容，开展实验教学方法、实验技术、实验装置改进等方面的研究，及时研究解决实验教学中的问题；在推进实验室开放式管理、积极开设综合性和设计性实验、切实加强对学生的创新精神和实践能力的培养等方面发挥主导作用。

4.1.3 实验教学考核

（1）实验报告

学生做完实验后必须书写完成实验报告。验证性实验报告应包含实验目的、实验要求、实验获得的数据、结果分析和结论。综合性、设计性实验报告应包含实验目的、实验要求、实验方案设计、实验测试数据、结果分析和结论、参考文献及其他与综合性和设计性实验相关的材料。教师对学生的实验报告进行认真批阅，对存在的问题进行及时讲评。

（2）实验考核

课程内实验的考核由实验教师依据学生实验态度和实验报告打分;独立设课的实验除了对学生实验操作进行评分外,还应进行笔试或口试。综合性、设计性实验也可采用实物验收的方式进行评分。具体考核办法可以参照《学生实验课考核及成绩评定的有关规定》执行。

4.2 实习管理

实习是高等学校教学中一个重要组成部分,是学生获得生产实际知识和技能、巩固和加深对理论知识的理解、提高分析问题和解决问题的能力、培养创新能力以及专业技术应用能力的实践性教学环节,其作用是使学生了解社会、接触生产实际,增强感性认识,培养独立工作能力,获得本专业初步的技术和管理知识。

4.2.1 实习类型和形式

实习包括认识实习、生产实习和毕业实习三种类型,原则上本科生实习总周数在12周左右。实习分为集中实习和分散实习。集中实习是指学生在校内外固定实习基地集中进行的实习;分散实习是指学生根据"符合专业教学要求,就近联系实习点"的原则采用分散方式进行的实习。

(1) 认识实习

认识实习是实践教学的重要组成部分,一般安排在大学一、二年级,结合专业导论课程和其他一些专业基础课、专业课进行,主要以参观、教师或技术、管理人员现场讲解为主。

通过认识实习使学生对专业建立感性认识,并进一步了解本专业的教学实践环节。通过让学生接触生产实际,一方面,可以培养学生的自学能力和社会活动能力,通过参观学习对所学专业的性质、内容及其在学科、工程技术领域中的地位有一定的认识,为了解和巩固专业思想创造条件;另一方面,采用自学与指导相结合,实际生产、经营或管理单位与学校相结合,实践与课堂相结合的方式,完成认识实习的教学环节，为进一步学习技术基础课和专业课奠定基础。同时，生产现场也是学生接触社会、深入群众、培养劳动观念的重要场所，是学生提高民族自尊心和自信心，激发发展民族工业、勇攀科学高峰的使命感和紧迫感，以及进行爱国主义教育的重要课堂。

（2）生产实习

生产实习是指导高等学校学生在工业或农业生产现场或施工工地或各种公司，以生产人员或技术员或管理员等身份，直接参与生产、经营、管理和施工过程的实习，是使专业知识与生产实践相结合的一种实践教学形式。一般各专业在教学计划中都要安排一次或几次生产实习。

生产实习是学生以实际工作者的身份，直接参与生产、经营或管理过程，既可运用已有的知识技能完成一定的生产、经营或管理任务，又可学习实际生产技术知识或管理知识，掌握生产技能或培养管理能力，并且通过实习巩固、丰富与提高理论知识。生产实习也是对学生进行思想政治和道德品质教育的有效途径。在生产实习中，可以具体、生动地对学生进行热爱劳动、爱护公共财物、组织纪律性、职业道德等教育。生产实习还是检验教学质量的重要手段。通过生产实习，可以对学生专业知识、技能的实际水平，为社会主义建设服务的专业思想，社会主义劳动纪律与职业道德，以及教师的教学效果和思想工作，进行一次综合性的社会检验。

（3）毕业实习

毕业实习是各专业学生在完成专业教学计划中的绝大部分课程及实践教学环节后的一次综合实习。毕业实习的作用：有利于学生熟悉本专业的工作性质，巩固和深化所学理论知识，掌握本专业基本工作内容、方法和专业技能，增强自学与独立思考、分析和解决问题的能力；端正专业思想，培养良好的职业道德和谦虚、严谨、实事求是的科学作风；培养和强化社会沟通能力，增强综合素质，为从实习生向职业工作者过渡奠定扎实的理论和实践基础；配合毕业论文（设计）工作，开展调查研究；树立新的发展起点和目标，认识社会的需要，发现自身差距，培养锐意创新进取的精神；培养良好的职业精神，适应毕业后实际工作的要求。

4.2.2 实习的组织与管理

（1）实习教学文件

实习教学文件包括实习教学大纲、实习指导书和实习计划。

实习教学大纲：是组织和实施实习教学的指导性文件，也是检查实习教学落实情况的依据，各专业应根据本专业培养目标和教学计划制定，并按学校统一的内容要求及格式规范编写，经教学单位组织审查确认后报教务处备案。

实习指导书：是根据实习教学大纲要求编写的教学文件，也是学生的实习教材。其内容除实习大纲阐述的实习目的、实习要求、实习内容外，还应介绍实习的具体步骤和实习有关的专业补充知识，并说明考核要求和提交成果的要求等。

实习计划：是按实习教学大纲的要求，结合实习现场条件拟定的实习执行程序。实习计划主要包括实习指导教师和学生的基本情况、实习地点、实习内容、实习时间及人员安排、实习经费开支预算等。实习计划须在实习教学开始前一周完成并经教学单位领导签审后报教务处审批。实习计划和实习指导书须在各实践教学环节开始前印发给参加实习教学的教师和实习单位。

为保证实习教学效果，各教学单位须组织有关教师认真编写各类实习教学文件，详细说明实习要求和完成实习教学大纲规定内容的方法。各教学单位应根据专业发展，积极开展实践教学方法、内容的改革，不断完善实习教学大纲和实习指导书，使实习教学工作适应当前形势，确保实习教学质量。

（2）实习准备

实习前各教学单位应做实习动员，进行安全教育，宣布实习组织和实习纪律。

合理安排实习指导任务，确定实习指导教师，每个校外实习基地至少配 1 名指导教师。指导教师应在实习前将实习大纲发给学生，并检查学生实习的准备情况，向学生介绍实习活动的计划安排，提出实习笔记、实习报告以及实习成绩考核等方面的具体要求，说明在实习过程中应注意的问题。实习分组人数要适当，各类实习指导教师与学生原则上按以下比例配备：认识实习 1∶25～30；金工实习 1∶20～25；生产实习 1∶15～20；毕业实习 1∶8～10。

（3）指导教师职责及对学生的管理

指导教师在实习前下厂了解和熟悉情况，掌握实习内容，拟定实习实施计划，准备好必要的资料和技术条件。实习上岗前，必须对学生说明任务和要求、工作方式方法，特别注重对学生的安全教育，安全教育后，要求每位学生签字确认。指导教师要以身作则，全面关心学生的思想、学习、生活、纪律与安全；教育学生虚心向工人、技术人员学习，向生产实际学习；教育学生严格遵守学校和厂矿的规章制度，对学生的违纪现象要及时批评教育，情况严重的要及时向学校汇报，以便及时处理；尊重厂矿领导，搞好厂校关系；认真填写实习日志，动态记录实习过程，实习结束时要认真总结工作。

实习学生必须按照实习大纲规定和要求完成实习任务；实习中应听从指导教师的安排，要有集体观念和组织纪律性，遵守实习单位的规章制度；实习结束后，要按要求写好实习报告或小结。对于违反接收实习单位规章、制度和纪律的学生，各教学单位应会同该单位视情节轻重，按照学校有关规定严肃处理。因故不能参加实习者，须事先向所在教学单位提交请假报告，经批准方可。对擅自不参加实习的学生，除按学校考勤规定处理外，实习成绩记为零，并不予补实习。

（4）管理体制

教务处负责全校实习工作的管理与协调，主要包括审查各个教学单位实习计划执行情况，进行实习质量检查，组织经验交流和评估考核，对全校实习工作进行总结。财务处负责实习经费划拨及使用情况检查。

各教学单位负责人组织、指导、协调本单位的实习工作，检查实习效果和质量，对本单位实习工作进行总结。

4.2.3 分散实习的管理

凡进行分散实习的学生，在征求家长和实习单位同意后，由本人提出书面申请，填写分散实习申请审批表，并经指导教师同意，教研室主任及教学单位负责人批准。各单位要做好分散实习审批表存档工作，并于实习前将分散实习汇总表报教务处备案。

实习指导教师应在实习前两周将实习大纲、实习计划及实习指导书等相关材料发到分散实习学生手中，并加强对分散实习学生的纪律教育和专业指导、检查。教学单位负责人、教研室主任应不定期抽查，发现问题及时上报和处理。

分散实习结束后，应由接收实习单位对学生实习中的表现写出书面鉴定或填写实习鉴定表，并加盖公章，由学生带回学校作为其实习成绩评定的依据之一。分散实习申请审批表一经批准，即有法律效力，学生在外实习发生的一切民事责任均由学生本人承担。

教研室在学生实习结束后应组织实习考试或答辩。

4.2.4 实习考核与成绩

学生实习成绩一般根据考勤、平时表现、实习单位鉴定、小组评定、实习指导教师意见、实习报告与总结、交流等情况评定，注重平时表现。实习成绩按优秀、良好、中等、及格和不及格记载。学生实习成绩的评定原则上应呈正态分布，优秀成绩的比例应控制在20%以内。实习成绩中原则上实习报告占50%，实习考核占30%，实习表现占20%。各教学单位可根据各自专业特点，对上述三项考核项目的比例进行适当调整，并在实习前向学生宣布。实习考核一般应在实习现场进行，可采取笔试和口试相结合、答辩等多种形式。凡具备下列条件之一者，均以不及格计：未达实习基本要求者；因故缺实习时间1/3以上或未经批准缺勤时间达2天及以上者；因违纪而被停止实习者。实习成绩不及格者应随下一届同类学生实习重新进行实习。

4.3 课程设计管理

课程设计是以相关课程和理论知识为基础，对学生进行的一次综合性专业设计训练的过程。课程设计是培养学生综合运用有关课程的理论知识，分析和解决工程实际问题，培养学生正确的设计思想、理论联系实际的工作作风、实事求是的科学态度和勇于探索的创新精神。通过课程设计实践，加强学生对所修课程的理解、掌握，训练并提高学生在理论计算、结构设计、工程绘图、查阅设计文献资料、报告撰写、运用相关标准与规范和计算机应用等方面的能力。

4.3.1 课程设计的组织与管理

（1）教学文件

① 课程设计教学大纲符合专业培养目标。

② 课程设计教学指导书和参考资料齐全，人手一册，任务书对设计题目、内容、原始资料、设计步骤及要求等做出明确规定。

③ 课程设计教学指导书应提出设计的目的、主要内容及必要的技术参数、进度安排、具体质量要求、需要查阅的相关资料、设计组织形式、考核要求等。

（2）选题

① 课程设计题目一般由指导教师拟定，但也可以由学生自拟，并经系主任审定。设计题目的选择要既有代表性，又有实际意义，既能联系多方面的概念和基本理论，又能达到一定的技能训练目的。

② 课题设计题目能达到综合训练的目的，每小组一个题目，但每位学生的工作内容侧重点不同，交叉工作不宜超过40%。

③ 课程设计题目的难度和工作量应适合学生的知识和能力状况，使学生在规定的时间内工作量饱满，能完成任务。

（3）指导与检查

① 指导教师应下达任务书，内容包括题目、已知技术参数和设计要求，并对学生应预先复习的有关教材内容及参考资料提出要求。

② 课程设计每个阶段进行之前，教师必须先介绍该阶段进行的原则、方法、步骤以及应注意的事项，每个阶段进行中要加强指导和检查，以便及时纠正原则性错误。

③ 指导教师应每天到设计室巡查、质疑、指导、审核学生的设计方案，记录学生出勤情况，全面掌握学生课程设计的进度和质量。

④ 严格管理，学生无违纪现象。

⑤ 检查学生是否按设计任务书要求完成全部工作；审查学生的设计图纸是否合格，计算结果和程序运行是否正确，设计计算说明书（或论文）撰写是否规范。

⑥ 各教学单位要对课程设计组织检查，着重检查学风、工作进度、教师指导情况，并采取有效措施解决设计过程中存在的问题和困难。教务处将通过不同的方式了解各教学单位检查情况，协助解决有关问题。

4.3.2 课程设计的考核与效果

（1）考核评定

① 课程设计的考核评定以学生独立完成工作任务的情况、成果水平、独立工作能力和创新精神、工作态度和工作作风以及答辩情况为依据。

② 课程设计的成绩一般采用五级计分：优秀、良好、中等、及格、不及格。

优秀：能圆满完成设计任务书规定的任务，在某些方面有独特的见解与创新；计算与分析论证可靠、严密，结论合理；说明书、图纸规范，质量高；完成的软、硬件达到或高于规定的性能指标且文档齐全、规范。

良好：能完成设计任务书规定的任务；计算与分析论证基本正确，结论合理；说明书、图纸符合规范，质量较高；完成的软、硬件基本达到规定的性能指标且文档齐全、规范；有一定的独立工作能力。

中等：能一般完成设计任务书规定的任务；内容基本完整，计算与分析论证无原则性错误，结论基本合理；说明书、图纸质量一般；完成的软、硬件尚能达到规定的性能指标；文档基本齐全，基本符合规范；工作能力有待提高。

及格：基本完成设计任务书规定的任务；设计(论文)质量一般，存在个别性错误；说明书、图纸不够完整；完成的软、硬件性能较差。

不及格：未完成设计任务书规定的任务；设计(论文)有原则性错误；说明书、图纸质量较差或有抄袭现象；完成的软、硬件性能差。

各教学单位也可根据专业学科特点自行制定评分标准。

(2) 课程设计效果

① 课程设计任务书、课程设计图纸及说明书(或论文)、课程设计(论文)成绩考核表等文件填写规范，保存完整。

② 课程设计图纸及说明书(或论文)内容符合大纲和各专业的具体要求。

③ 课程设计图纸及说明书(或论文)由指导教师负责收集齐全后交各教学单位负责保管，一般保管3年，对于有示范意义的优秀课程设计图纸及说明书(或论文)保管期限可适当延长。

④ 课程设计成绩应由学生完成情况、质量水平、平时表现、答辩成绩等几方面综合而成。课程设计(论文)成绩评定表填写规范，网络填报及时，成绩评定严格、客观、合理。

⑤ 学生通过课程设计能够综合运用本门课程所学知识和技能，独立分析、解决问题的能力有很大提高。

⑥ 课程设计结束后，指导教师、教研室、各教学单位应认真写出书面总结。总结的内容应包括：课程设计基本情况(包括任务书完成情况、成果、成绩评定、学生情况及主要工作经验等)，本单位提高课程设计质量有显著效果的做法，课程设计中存在的主要问题及对策建议，对学校课程设计工作的意见和建议等。

4.4 毕业设计(论文)管理

毕业设计(论文)是实现人才培养目标的重要教学环节,是教学与生产劳动和社会实践相结合的重要体现,是学生全面运用所学基础理论、专业知识和技能进行科学研究的基本训练,是培养学生的创新能力、实践能力和创业精神的重要实践环节。毕业设计(论文)能使学生在思想作风、工作态度、组织纪律和团结协作等方面受到良好的训练,为毕业后走向工作岗位做好准备。

4.4.1 毕业设计(论文)组织与管理

(1) 制订计划

在本科生第7学期,各教学单位成立毕业设计(论文)工作领导小组,制订各专业毕业设计(论文)工作的具体实施计划,包括确定指导教师、制定相应的指导要求和规则、拟定毕业设计(论文)题目、安排毕业实习和制订督查计划等,经教学单位负责人签批后报教务处备案。

(2) 思想动员

在确定选题计划前,各专业应对学生进行毕业设计(论文)的思想动员,明确毕业设计(论文)的目的、意义及要求。

(3) 选题

毕业设计(论文)题目应由指导教师提出,经教研室和教学单位负责人审定后列入选题计划。毕业设计(论文)的选题要按照培养目标围绕本学科和专业选择一些有实用价值的、应用所学课程知识进行能力训练的题目,坚持科学性、实践性、前瞻性和综合性的原则,满足教学基本要求。理工类毕业设计(论文)题目应从生产、科研和教学的实际问题中选定;文科、管理类毕业设计(论文)题目应根据专业特点,从经济、管理、社会发展的实际问题中选定。各专业毕业设计(论文)题目应与生产实践相结合,并进一步提高题目的更新率。

毕业设计(论文)的内容应属于学生所学或相关专业范围,使学生在毕业设计(论文)中融会贯通所学知识,得到专业技术方面的综合训练和科学研究能力的初步培养。毕业设计(论文)内容的难度和工作量要适合学生掌握的知识、能力和相应的实验条件。选题要遵循双向选择、因材施教的原则,使每位学生得到全方位的综合训练,同时鼓励优秀学生有所创新。

(4) 开题与检查验收

为保证毕业设计(论文)质量,各教学单位要加强对学生毕业设计(论文)的过程管理,并要有书面记录,学校随机对毕业设计(论文)工作进行抽查。各专业应成立毕业设计(论文)检查小组,负责开题检查、中期检查和验收工作。检查小组至少由3名专业教师组成,其中至少1人具有高级职称。检查小组主要成员同时应为答辩委员会主要成员。

① 开题检查。开题应在选题后1～3周内完成。学生在认真开展调查研究、充分理解工作目的基础上,向指导教师提出毕业设计(论文)开题报告。具体内容包括:毕业设计(论文)的主要内容,设计方法及预期目的,课题进度计划,参考资料等。

学生通过开题检查后方可进入毕业设计(论文)阶段,检查内容包括学生是否充分了解课题的内容和要求、工作计划是否切实可行、课题所要求的实验条件是否具备等。检查不合格的,必须在1周内重做开题报告。

② 中期检查。中期检查在毕业设计(论文)过程中进行,检查内容包括:学生是否按计划完成规定工作,能否克服所遇到的困难,题目是否恰当,指导教师是否负责,以及学生的表现等。

③ 验收。理工类毕业设计(论文)的验收应在实验或设计工作完成后、论文书写前进行,检查内容包括:设计图纸是否合格,实验数据是否完备可靠,实习现场检查实验结果、实验演示操作或计算机程序实际运行结果等。文科、管理类毕业设计(论文)的验收应在论文定稿前进行,重点检查内容包括:论文的基本观点是否正确,论文所用的数据是否真实可靠等。

4.4.2 毕业设计(论文)的指导

毕业设计(论文)实行指导教师负责制。指导教师由教学单位负责人聘任,原则上应由具有讲师(或相当于讲师技术职称)以上技术职称的、具有一定毕业设计(论文)指导经验的教师担任;原则上不允许助教单独指导毕业设计(论文),如情况特殊,应由具有副教授以上技术职称的教师协助指导;需在校外其他单位进行毕业设计(论文)的,可聘请具有中级以上技术职称的科研、工程技术或管理人员参加指导,但教学单位必须安排教师参加开题、检查和答辩,确保毕业设计(论文)质量。

指导教师负责制订毕业设计(论文)指导工作方案,负责对学生毕业设计(论文)的开题报告、调研、实验、运算和写作等各项工作进行指导;随时检查毕业设计(论文)计划的执行情况,发现问题及时纠正并记录检查结果;负责毕业设计(论文)期间学生的思想教育以及纪律管理。指导教师对学生毕业设计(论文)中出现的原则性错误应负主要责任。学生要勇于创新,敢于实践,注重各种能力的锻炼和培养;必须独立完成毕业设计(论文),严禁弄虚作假,不得抄袭他人的毕业设计(论文)或已有成果,凡发现抄袭或套用他人成果者,按作弊论处。

指导毕业设计(论文)期间,教师外出不得超过 1 个月,因公事或生病请假的,应委托其他教师指导。请假 1 周以内由教学单位负责人审批,请假 1～2 周由教务处审批,请假 2～4 周由主管校长审批,超过 4 周应及时调整指导教师。

在毕业设计(论文)过程中,学生要加强组织纪律观念,遵守校内外各项规章制度;尊敬指导教师,虚心向指导教师学习,接受指导教师的检查和指导,如因不听指导造成不良后果的,均由学生本人负责;原则上不允许请假,如遇特殊情况,须由本人提出书面申请,经指导教师批准后报教学单位审批,凡缺勤(包括病、事假)累计超过毕业设计(论文)总时间 1/3 的,不得参加答辩,毕业设计(论文)成绩为零。

4.4.3 毕业设计(论文)的评阅

毕业设计(论文)完成后,指导教师要认真评阅,对学生的工作态度、综合运用基础理论知识与基本技能的能力、独立工作能力、分析解决问题能力以及总体设计水平做出客观、全面的评价。

教研室指定指导教师以外的具有丰富经验的教师或校外专家等其他评阅人进行评阅。评阅人根据毕业设计(论文)的内容、图纸质量以及学生综合运用基础理论知识和专业技术标准的能力等情况进行客观评价,撰写评语并给出评阅成绩。

4.4.4 毕业答辩

各教学单位成立毕业设计(论文)答辩委员会,负责本教学单位学生答辩工作。答辩委员会原则上由不少于5名副高级以上职称的教师或技术人员组成,确定答辩委员会主任和秘书。需聘请校外人员担任答辩委员会成员的,由教学单位负责人批准。教学单位可根据专业及选题方向,组织若干答辩小组,小组成员一般不少于4人,其中至少2人具有高级职称。

毕业设计(论文)答辩会由答辩小组组长主持,程序如下:宣布毕业设计(论文)答辩会开始及会场要求;宣布答辩委员会成员名单;宣布学生答辩顺序安排及时间要求等。每位学生答辩时间一般不超过45分钟。其中,就毕业设计(论文)的讲解时间不超过15分钟;答辩委员会根据毕业设计(论文)大纲要求提出问题时间不超过5分钟;学生准备回答问题时间不超过10分钟;学生回答问题时间为15分钟。超过上述时间,答辩会主持人可停止其答辩。

参加答辩的学生必须按照要求进行答辩。首先概括汇报本人毕业设计(论文)的指导思想、主要原始资料、有关方案的选择比较、主要计算数据和设备选型的结论以及对有关图纸、表格的必要说明;然后认真听取答辩委员会提出的问题并做好记录;最后按问题的先后顺序认真回答,对所提问题不得回避,对确实解答不了的问题应予以说明。答辩的学生要文明礼貌、谦虚谨慎,答辩要有理论依据、态度认真,不能把答辩当作辩论,更不能强词夺理,否则将根据情节轻重提出警告、降低答辩成绩直至取消答辩资格。

答辩小组成员应有准备、有计划地提出问题。质询范围应是与课题密切相关的基本内容或与设计有关的计算、实验、测试技能等方面问题;如出现争议性的学术问题,待会后协商解决。学生进行答辩时,非答辩小组成员原则上不得提问;任何人不得向正在答辩的学生递送纸条或做各种暗示;任何人不得代替答辩学生回答问题。答辩时,秘书要做好记录;答辩结束后,答辩小组给出答辩成绩,并在记录上签字后交教学单位保存备查。

4.4.5 毕业设计(论文)成绩

(1) 毕业设计(论文)成绩的评定内容

毕业设计(论文)成绩由答辩小组从以下五个方面进行初评:文献综述、开题报告的情况;学生的业务水平,包括基础理论、专业知识、外文水平、动手能力等;毕业设计(论文)的总体质量,包括选题、总体思路、方案设计、设计说明书、图纸质量、计算及测试结果、文字表达、创新等;指导教师和评阅人评语;答辩中自述和回答问题的情况。

(2) 毕业设计(论文)成绩的评定标准

毕业设计(论文)成绩的评定采用优秀、良好、中等、及格和不及格五级记分制,其中优秀比例不超过 20%,及格和不及格的比例控制在 10%左右。

① 优秀:很好地完成毕业设计(论文)的开题报告,参考文献充实;按时独立完成毕业设计(论文)任务书所规定的全部任务,基础理论和专业知识扎实,具有较强的综合分析问题和解决问题的能力,表现出独特的见解和一定的创造性;毕业设计说明书(论文)完备、内容正确、概念清楚、数据可靠、文字通顺、图纸齐全并整洁标准;答辩时能熟练、正确地回答问题。

② 及格:基本上能达到毕业设计(论文)任务书所规定的要求,在非主要问题上存在错误;毕业设计说明书(论文)内容基本正确、书写工整、图纸齐全、基本符合标准。

③ 不及格：未能达到毕业设计（论文）任务书所规定的基本要求；毕业设计说明书（论文）概念不清、图纸不全，图中有重要错误；答辩时存在原则性错误，有些问题经过启发仍不能正确回答；在毕业设计（论文）工作中，有严重违纪或抄袭他人设计（论文）的现象。

4.5 加强毕业设计（论文）管理，提高实践教学质量

4.5.1 信息化手段加强监控

为保证毕业设计（论文）质量，笔者所在高校运用信息化手段，加强对毕业设计（论文）的过程管理和监控。2014 年学校开始引入毕业设计（论文）智能管理系统，并不断对系统进行优化，实现了与知网大学生论文防抄袭检测系统以及河北省学位论文管理平台的对接。通过系统可以实现毕业设计（论文）的课题申报、学生选题、任务书下达、开题报告提交、毕业设计（论文）上传、答辩分组安排以及指导教师的指导和评阅、评阅人的评阅等过程，强化了毕业设计（论文）的过程管理。管理部门可以通过系统在毕业设计（论文）的不同环节对全校的毕业设计（论文）进行监控，随时发现问题，督促各教学单位按进度完成各项工作，保证毕业设计（论文）的质量，也在很大程度上防止发生学生论文买卖和代写行为的发生。

4.5.2 层层把关，强化管理

为保证毕业设计（论文）质量，学校毕业设计（论文）采用三级管理制度，层层把关，严格过程管理。毕业设计（论文）选题采用双向选择的方式，教师和学生商定论文题目，系部审核课题的可行性和工作量大小、难易程度等，审批后方可进行开题。毕业设计（论文）按照《本科毕业设计（论文）质量标准》等严格执行。学校定期组织专家进行专项检查：期初抽查毕业设计（论文）课题申报情况；期中抽查各教学单位毕业设计（论文）的进展情况，对没有按计划完成的督促完成。指导教师根据毕业设计（论文）进程安排在不同的环节对学生进行指

导，随时监控毕业设计（论文）的进展。学生论文完成后要签署毕业设计（论文）独创性声明，学生和指导教师都要签字确认，有效防止学生论文买卖和代写行为。

此外，根据《本科生毕业设计（论文）检测管理办法（试行）》的规定，除以图纸为主的毕业设计外，所有毕业论文都进行论文查重检测，查重率低于30%的毕业论文才能参与毕业答辩，有效预防学术不端行为，保证毕业论文的原创性。

4.5.3 制度建设保障质量

为进一步加强本科生学术道德建设，规范本科生学术行为，提高毕业设计（论文）质量，依据《学位论文作假行为处理办法》（教育部令第34号）、《高等学校预防与处理学术不端行为办法》（教育部令第40号）、《普通高等学校学生管理规定》（教育部令第41号）等文件要求，结合学校实际情况，学校出台了《本科学生学籍管理规定》《学生违纪处分规定》《本科学位论文作假行为处理办法（试行）》等制度文件，禁止学位论文买卖、代写行为，一经发现给予开除学籍处分；规定以作弊、剽窃、抄袭等学术不端行为或者其他不正当手段获得学历证书、学位证书的，学校依法予以撤销，被撤销的学历证书、学位证书已注册的，学校予以注销并报教育行政部门宣布无效，从制度上遏制学位论文买卖和代写行为。

4.5.4 抽样外审提高质量

为进一步规范毕业设计（论文）管理，近年来学校一直严格执行本科毕业设计（论文）抽样外审制度，聘请高校、科研院所、行业企业专家对学校的毕业设计（论文）进行评阅，在一定程度上也是对毕业设计（论文）的原创性进行审查。专家对送交的学生论文进行评阅，并填写“毕业设计（论文）外审专家评阅表”反馈意见。根据专家外审意见需要修改后参加答辩的毕业设计（论文），指导教师要指导学生进行修改完善，经本教学单位的毕业设计（论文）答辩委员会同意后才能参加答辩，保证论文质量。

5　应急特色实践教学基地建设

实践教学基地是实践教学的载体，是学校的“练兵场”，是学生的“习武地”，是实现应用型人才培养的重要条件。实践教学基地是校企合作的人才培养基地，它充分利用了企业在设备、市场化方面的优势和学校科研单位在教学资源上的优势，把以知识讲授为主的学校教育与以生产经营为主的企业实践有机结合，在一定程度上帮助学校在人才培养与社会真实需求之间缩小差距，更好地锻炼学生的实际操作能力，从而增强学生的社会竞争力，所以高校必须重视和加强校外实践教学基地的领导、建设和管理。

实践教学基地是指具有一定规模且相对稳定的供学生参加实践教学活动的场所。实践教学基地为学生完成实验、实习、实训、毕业设计（论文）、社会实践活动提供必要的条件和服务，它的建设和管理直接关系到实践教学的质量。

5.1　高校实践教学基地建设的必要性

5.1.1　提供真实实习环境，促进知识向能力的转化

职业岗位知识与能力是应用型人才必须掌握的基本知识与能力。为了加强对学生独立观察、分析和处理问题能力的培养，实践教学基地创造了一个生产现场模拟训练或真实训练的实践环境，让学生自己动手进行设计和操作，熟悉并掌握本行业的主要仪器设备和基本工具，以及生产工艺、基本技能、专业技术等。知识是能力的基础，在工作中人的知识与能力是相辅相成、缺一不可的；然而能力与知识二者并不等同，需要有一个知识向能力转化的过程。实践教学

基地为理论与实践的结合提供了训练场所，使学生从“有所知”走向“有所为”。技术开发与应用型人才需掌握的知识与能力，不可能完全通过课堂教学的形式传授，尤其是专业知识和应用能力，需要在各种实践性环节中获取。实践教学基地跨学科、跨专业的综合技术训练，可拓宽与丰富学生的专业知识面。

5.1.2 学习高新技术，提高创业精神和创新能力

当今社会科学技术发展日新月异，高新技术产业层出不穷，面对激烈竞争的市场，只有了解与掌握最新的技术，才能适应社会及行业发展的需要。笔者所在高校近年建成的实践教学基地，都引入了较为先进的技术与设备，使学生可以涉猎高新技术领域，接触和学习高新技术。

现代化教育应注重培养学生的创业精神和创新能力，使学生具备以创新能力为核心的综合实践能力。实践教学基地的技能操作、产品制作、项目实施和科技开发等一系列模拟训练，既可培养学生的创业精神和实践能力，又可激发学生的创造性和创新思维，并使创造的欲望转化为创新的能力。

5.1.3 提高职业素养，促进就业和创业

实践教学基地可在爱岗敬业的情操、团结协作的精神、遵纪守法的习惯和严谨负责的工程素质等方面对学生职业素质进行养成教育，为他们今后走上工作岗位及未来发展奠定基础。同时，通过科技开发、产品研制和工程项目实施等实践课题，让学生在实际工作中运用已学专业知识和经训练所获得的经验及掌握的技术、技能，通过群体协作完成训练项目，使学生不仅能取得实际工作经验，并能培养团队协作精神、群体沟通技巧、组织管理能力和领导艺术才能等综合素质与能力。

校外实践教学基地接受学生进行实习、实训的各个环节与企业的生产实际密切相关，学生在基地接受的技能训练相当于预先接受了岗前培训，因此，在实践教学基地实习、实训的学生更符合企业的用人需要。这样，实践教学基地就不仅仅是教学场所，同时也是学生

的就业场所，从而促进了学生就业。

5.1.4 促进产学研合作，提升实践育人质量

实践教学基地既是教学基地，也是产学研合作基地。产学研合作是本科高校培养应用型人才的有效途径，通过产学研合作，学生在"干中学""边学边干"，综合素质得到全面提高。产学研合作也是学校为社会服务的重要途径，通过产学研合作，相关企业从高校获得先进技术支持，开发新产品、新技术，开辟新的服务领域和新的市场，推动企业不断创造新的业绩。同时，企业可以向学校提出人才培养的基本方向，学校能根据企业的需求培养匹配的人才。

校内外实践教学基地，不仅是学生提高实践能力的主要场所，同时也是教师提高实践技能的场所。大部分高校教师从学校毕业就直接踏入高校，没有社会实践经验。教师在实践教学基地指导学生的过程，也是一个学习和锻炼的过程，从某种意义上说，也是年轻教师的实践再培训。同时，通过与校外实践教学基地企业技术专家等的相互交流与学习，也能有效地提高教育教学质量。

5.2 高校实践教学基地建设的现状

实习是高校实践教学的重要组成部分，是学生获得生产实际知识和技能、巩固和加深对理论知识的理解、提高学生实践动手能力和创新能力的重要环节。而校外实践教学基地是满足实习教学要求并相对稳定的社会实习场所，其建设直接关系到实践教学质量，对于应用型人才实践能力和创新能力的培养有着举足轻重的作用。为了进一步规范校外实践教学基地建设和管理，对各教学单位的校外实践教学基地建设和利用情况进行摸底，总结经验、找出存在的问题及提出应对措施，以便加强校企合作与交流，提高实践教学基地利用率，更好地为实践教学服务。

目前，高校实践教学基地大多是校企合作类型，这部分基地数量多，承担着主要的实践教学任务，但长期稳定和高效的实践教学基地

所占比例较小，校企双方责权利划分不明晰。笔者通过调研发现应急特色高校实践教学基地建设和管理存在以下五个问题。

(1) 学校对实践教学基地的建设重视不够

应急管理类高校虽然与行业内的不少企业建立了产学研合作关系，但是对实践教学基地建设和管理的重视程度不够，投入资金和人力严重不足。很多高校仍然没有完全摆脱“重理论轻实践”的传统教学模式，虽然认识到实践教学环节在整个人才培养中的重要地位和作用，但实际上资金和人力投入不足，直接影响了实践教学基地的建设和实习效果。

另外，有的高校对实践教学基地建设的标准把握不严格，实践教学基地的条件不能很好地满足实习的需要；有的高校与实践教学基地的合作比较少，让实践实习变相成为参观实习，使实习流于形式，导致学生的实习质量难以得到保证。

(2) 实践教学基地数量不能很好满足实习的需要

实践教学基地数量严重不足，企业参与的积极性不高，呈现“校热企冷”现象。调研发现，随着应急特色高校办学规模的扩大，很多高校都存在实践教学基地数量不足的问题，且基地实习条件难以保证。究其原因，高校对建立实践教学基地的热情很高，而应急行业企业出于安全原因，担心实习学生安全出问题，加上学生实习大都没有带来明显的经济和社会效益等，因此企业参与实践教学基地建设的积极性不高。

(3) 实践教学基地利用率较低

通过对某高校实践教学基地的使用率调研发现，虽然名义上校外实践教学基地数量比较多，但真正使用的基地并不多，近3年的实习基地利用率分别是51%、56%、45%。存在这种情况的主要原因如下：一是平时实践教学基地的维护不够，不注重与企业加强联系和巩固已有的关系，有的基地是靠个人关系维系的，一旦联系人工作变动，就会导致与基地的联系断线；二是实践教学基地没有及时进行更新替换，没有按时对实践教学基地进行评估，让不符合要求的基地退出建设;三是企业的生产经营活动进程与学校实习计划的时间不吻合造成实习安排的被动,还有企业因为担心学生实习影响正常的生产经营活动或者出现安全问题而不愿接受学生实习,等等。

(4) 实习的受众面较少

实践教学基地是为了满足学校实践教学的需要而设立的,因此无论是校内还是校外实践教学基地,都必须保持一定的规模,才能满足高校各专业学生的实习需要。如果实践教学基地没有一定的规模,一次只能接受少量学生实习、实训,就不能算是真正的实践教学基地。

由于行业特点或企业经营的限制,有的实践教学基地不能很好地发挥教学育人的作用,有的实践教学基地不能很好地满足学生专业或毕业实习的需要,有的实践教学基地每次可接纳的学生人数偏少,实习学生受益面较少,甚至有的实习变成了企业参观的形式,达不到实习效果。

(5) 校企产学研合作的深度不够

高校中有的教学单位产学研合作取得了不少硕果,如与企业合作共建实验室,与企业联合培养人才,为企业提供技术培训或研发服务,等等,但大部分教学单位没有真正利用实践教学基地与企业建立产学研合作关系,企业与学校没有建立起完全的"同发展、共促进"的运行机制。

高校建立的很多实践教学基地与学校无科学研究和技术开发合作或合作深度不够,无法保证实践教学基地稳定高效地为学生实践教学服务。

上述这些问题都直接影响了高校人才培养目标的实现,使实践教学的质量和效果大打折扣。随着经济的发展和社会对人才要求的提高,地方行业特色高校必须改革传统的实践教学基地建设和管理模式,不断拓宽和探索实践教学基地建设和管理的新思路,以提高人才培养质量。

5.3 产教融合的应急特色实践教学基地的建设思路

5.3.1 实践教学基地的建设原则

实践教学基地主要承担高校学生的校外实践教学任务。通过建设实践教学基地，树立“校企合作、产教融合”和培养高素质应用型人才的办学理念，探索建立高校与行业、企事业单位、科研院所和政府部门联合培养人才的新机制，不断深化人才培养模式改革，着力提高大学生的社会责任感、勇于探索的创新精神和善于解决问题的实践能力。

(1) 系统性

实践教学基地建设的依据是产业、行业、企业等提出的人才培养目标中能力培养项目和标准，整个实践教学基地建设要有系统的观念。

(2) 实用性

实践教学基地的结构与布局适合专业实践教学的组织和学生的学习特点，并与学生专业能力的提高规律相适应，体现现代高技术的设计性实验和紧跟现代社会发展前沿的综合性生产训练，淡化原理性验证，具有较强的实用性。

(3) 开放性

新形势下的实践教学基地必须面向学生、面向行业和企业、面向社会，特别是校内实践教学基地建设，通过全面的开放构建与产业、社会的良好沟通渠道。一个成熟的实践教学基地还必须融入社会的终身教育体系，这也是开放性原则的一个重要方面。

(4) 前瞻性

实践教学基地建设必须具有丰富的高科技内涵和跟踪技术前沿的特征，教学场地的构建、设备设施的配备、管理模式的构建等都应具有一定的前瞻性，尤其是实践设备要能够代表本行业技术应用发展趋势。

5.3.2 实践教学基地的建设思路

（1）统筹规划

实践教学基地的建设，不是一所或几所高校的独立工作，而是一项复杂的系统工程。政府教育主管部门要将实践教学基地建设与各高校所在地区支柱产业、新兴产业和特色产业的发展紧密结合、统筹规划；在专业选择上，既要保证重点专业，又要兼顾地方特色专业；要将技能型紧缺人才培养、农村劳动力转移培训等有机结合起来，充分发挥基地的系统功能和作用。

（2）资源共享

在实践教学基地建设中，要综合利用各种资源，提高基地建设投资效益。各高校可以建立校际联盟互补互助，统筹人才、资金和技术资源，把有限的资源相对集中，合作建设高水平实践教学基地，减少低层次重复投资，提高实践教学基地资源使用频率和效益；也可以校企联合建设实践教学基地，广泛联合和吸引国内外企业在基地建立企业设备、企业文化的信息展示窗口。

应急管理类高校可以在实践教学基地与企业合作设立研发中心，建立双方联合科研与培训平台，在技术开发、优势互补、设备支持、学生就业等各个领域开展合作，尤其在人才培养、科学研究等方面校企双方互相支持、互相渗透、利益共享。

（3）体现特色

高校要结合当地经济发展水平、产业结构特点、院校专业特色等情况，规划、建设能够对当地经济和社会发展发挥积极推进作用且富有特色的实践教学基地。实践教学基地建设的总体布局要合理，各种实验、实训室或车间的规模要适当，具备齐全的满足实验、实训所需的设备设施与工位，以保证学生有充分的动手实践机会，熟悉并掌握本行业的主要设备、生产工艺、基本工具、基本技能与专业技术等，接触和学习高新技术。实践教学基地的设备选型与配套，应做到先进性、真实仿真性、实用性、经济性相结合。高校要结合实践教学基地建设工作，推进应用型人才培养模式改革、课程改革和师资队伍建设。

(4) 注重效益

实践教学基地建设要注重社会效益和经济效益，建立实践教学基地管理和使用的长效机制。在实践教学基地建设中，可采取多元化的投资策略，努力开辟政府、院校、企业多元化的投资渠道，充分发挥各方面的优势，多种渠道、多种方式筹集资金。要创新实践教学基地建设理念，实现共同投资、互惠互利，提高基地的投资效益。在实践教学基地的管理上，要建立、健全实践教学基地管理制度，包括技术管理、设备管理、人员管理、固定资产管理与其他各项管理在内的各项制度，使实践教学基地做到人员结构合理、岗位职责明确、运行规范有序、考核办法完备。要借鉴企业管理的经验，创新实践教学基地管理机制，充分发挥基地的功能，提高基地的综合效益。

5.3.3 实践教学基地的建设途径

(1) 加强产学研合作的深度和广度，真正实现校企双赢

以项目和技术服务作为纽带密切校企关系，与实践教学基地企业进行密切的双向合作，利用高校所拥有的科研、技术优势为企业提供相应服务，为校外实践教学基地企业培训干部和业务骨干，并组织教授、博士不定期到实践教学基地企业为其员工做科技讲座，帮助企业解决科研攻关中遇到的问题，教师的科研成果可优先在实践教学基地转化。实习大学生可将企业项目作为本科毕业论文(设计)选题，同时，聘请实践教学基地企业的专家参与校内实习计划的制订，使实习内容与企业的生产实际更好地结合，企业也就能接受更多的学生实习，建立校企双方合作的长效机制。

(2) 实习与就业创业相结合，建立实践教学基地与就业创业基地一体化的模式

加强校外实践教学基地与学校就业创业基地的联系，实现学生实习与就业创业的有机结合，建立实践教学基地与就业创业基地一体化的模式。把就业创业基地建成大学生实践教学基地，既方便了

用人单位对毕业生的考核，也可以让用人单位挑选到适合本单位的人才。高校通过用人单位的反馈，适时地对人才培养方案以及课程设置等进行必要的调整和修改，以保证教学计划的针对性和实用性，使学校培养的“产品”更加符合用人单位的需要，用人单位也就更乐于接受学生去本单位实习或就业，形成良好循环。

(3) 加强校内资源共享，建立多专业共享的校外实践教学基地

高校利用现有的实践教学基地，加强与基地企业的合作，扩展现有基地的功能，使企业由单一的实习基地转变为能够为多个专业、多个教学单位提供服务的场所。不同专业学生在不同岗位实习，各个岗位分散在企业各个部门，避免学生拥挤在同一地点、同一部门实习影响企业正常生产经营，实现资源共享，提高基地的使用效率。

高校在建设校外实践教学基地时不应该只满足一个专业的使用，而应该发挥基地的多专业功能，做到一个专业开发、多个专业受益。很多综合性高校既有工科类专业又有管理类专业，这两类跨学科专业的实践教学基地也可以联合建立。例如，建筑专业应以一个大型的建筑公司为依托，建筑专业的实习在建筑公司里完成，同时建筑公司也必然需要企业管理，管理类专业的经济核算、财务管理、企业形象设计、企业市场营销策划等实习内容也可以在这个建筑公司里进行。

(4) 提升实践教学基地服务能力，保证其稳定持续运行

目前大多数校外实践教学基地是高校为谋求发展并为学生寻找就业门路，主动找企业寻求合作建立的，而企业与学校主动合作建立的实践基地还很少。学校要通过多种形式提升校外实践教学基地的服务能力，建立可持续发展的良性循环机制，以互惠互利、文化融通、互相促进、共同发展为导向，实现学校办学和企业生产经营的双赢，保证基地稳定持续运行。校外实践教学基地要以服务求发展，融教学、实训、培训、研究、生产、服务为一体，利用自身的理论和技术优势主动为企业提供人才订单培养、产品研发、技术推广、员工培训和咨询等全方位的服务，帮助企业解决技术难题，通过科研立项与企业共

同完成工程改造和开发科技产品，并加速科技成果的转化工作，最大限度地利用先进的设备、良好的实训场地实现社会资源的社会化，面向社会开放，提供多方位服务。

(5) 保持与校外实践教学基地的良好合作关系

校外实践教学基地的建设不是一劳永逸的，学校要注意始终保持与实践教学基地企业的良好合作关系。一是要充分发挥学校专业指导委员会和校友会的作用，保持与企业的良好沟通。二是学校要以科技开发求联合，通过科研立项与企业共同完成工程改造和开发科技产品，密切校企关系。三是要以服务求发展，利用自身的理论优势和技术优势，主动为企业提供咨询服务、培训服务、技术服务等，赢得企业的信任和支持。

(6) 充分发挥校外实践教学基地的作用

一是要激发学生的学习积极性。校外实践教学基地改变了学生的学习环境和学习方式，实训教师要充分利用学生对校外实习的新鲜感和好奇心，采用实习点定期交换、学生与教师互动等方式，变学生被动实习为主动参与，激发学生的求知欲，提高实习质量。

二是要组建一支高水平的实践教师队伍。实践教师队伍应该由校内教师和校外专业技术人员共同组成。学校教师要发挥自身理论知识深厚的特点，运用理论指导学生实践，并解决学生在实践中遇到的理论问题，企业技术人员要发挥自身现场专业技术熟练的优势，给学生讲解实用性强的技术内容并指导实际操作。

三是要编制科学的实践教学计划和实践教材。学校教师要与企业的管理人员和技术人员一起，针对实践内容的特点和目标，编写实践教学计划、实践类教材，使学生在专业技术实习方面有所依据。

四是要制定科学的实践考核方法，校企双方共同考核学生的实习成绩。学生实习成绩的确定，学校评价和企业评价要各占一定比例，同时，还要考虑学生的实习论文、实习日记及实习期间的劳动纪律、敬业精神、学习态度、动手能力及解决实际问题的能力。

5.3.4 建设实践教学基地应处理好的关系

（1）处理好建设与利用的关系，提高实践教学的有效性

当前，高校都比较重视校外实践教学基地建设，也都舍得投入大量的人力、财力和物力，但往往忽视有效的管理和利用。因此，高校在校外实践教学基地建设过程中必须处理好建设与利用的关系，通过加强管理，充分发挥基地的资源优势和功能，提高基地的综合效益，增强实践教学的有效性和人才培养质量，真正使实践教学基地成为学生走向社会的桥梁。

校外实践教学基地建设工作应列入学校、院系的发展规划与年度工作计划，定期专题研究校外实践教学基地建设工作，制定目标、落实责任、动态考核。同时，应建立健全与实施《校外实践教学基地建设管理办法》《实践训练考核办法》等一系列校外实践教学基地管理制度，严格操作规程，争取做到人员结构合理、岗位职责明确，保证校外实践教学基地运行规范有序和建设管理工作的制度化、科学化。在实践教学管理上，应制订与理论教学相适应的实践训练计划、大纲、考核办法等实践教学管理办法，聘请基地技术骨干参与实习指导和实训内容的实施，及时将岗位中的新标准、新技术、新材料、新设备、新工艺的知识引入实践教学中，以实现学生实践能力培养目标。

（2）处理好实践教学基地与招生的关系，优化招生生源结构

学校应通过校外实践教学基地全面、准确地了解社会，尤其是学校所在区域对各种人才的现实与潜在需求情况，据此进一步拓展招生渠道，优化生源结构，将校外实践教学基地与生源基地有机结合，及时调整专业设置和招生计划，促使学校专业设置与区域经济社会发展“无缝对接”，保证专业招生人数与社会需求基本吻合。学校还应综合考虑高校的规模、专业的对口情况、历年输送到学校的生源数量以及本校学生在当地的就业情况等因素，在各地建立众多紧密型实践教学基地，经常开展校际交流与合作，稳定地为学校提较理想的生源。

（3）处理好实践教学基地与教学、科研的关系，深化教学、科研改革

高校的校外实践教学基地建设要努力促进学校教学、科研的全面改革与提升，争取建成集“学、训、研、产”功能为一体的实践教学基地，达到学校、企业、教师、学生多方共赢的目的。学校教师与校外实践教学基地的企业专家、技术骨干等联合开发校本课程与教材，对于调整相关专业的课程设置，构建更具时代性和针对性的课程体系十分有利。

为顺利开展工学结合，校外实践教学基地应安排教学区、讨论区、操作室及设备供学生使用。在教学组织上，学生可分成项目团队，由企业技术人员带领参与实际项目运作，部分课程通过结合项目实际改造成项目课程并在基地开展教学，充分体现“学中干、干中学”，有效提高学生的综合能力。学校积极引导教师研究解决校外实践教学基地所在企业在管理、技术及工艺等各方面的难题，充分发挥校企双方的优势，联合建立能为区域支柱产业提供服务的校外公共研发平台，开展课题研究。

(4) 处理好实践教学基地与学生就业的关系，强化实习的针对性

高校在确立校外实践教学基地具体场所时，应选择管理好、现代化水平高、效益好的优秀企事业单位，经过双方协商，签订较长期的实习合同，保证学生能在基地通过实习获得综合实践能力和技能，为学生毕业后顺利进入就业市场、适应岗位需要打下良好的基础。学校要根据不同岗位人才的培养目标，建立与理论教学体系相适应的相对独立的实践教学体系，力求做到与用人单位的要求“零距离”对接，使学生在实习过程中有针对性地掌握主要业务能力，争取就业后零适应期、甚至免去试用期。学校与校外实践教学基地所在单位开展订单培养，学校按企业需求确定生源计划、专业及教学计划，负责招生和理论教学，企业负责提供实践教学基地并进行实践教学，学生毕业后直接进入该企业工作。学校要大力推进“双证书”制度，努力使学生在取得毕业证的同时取得职业资格证书，帮助学生增强就业能力和创业能力。

5.4 “三位一体”的实践教学基地建设，为实践教学提供保障

笔者所在高校的实践教学基地建设以“面向行业、服务企业、促进就业”为指导思想，结合学校学科专业特色，充分利用内外部办学条件和教育资源，建成了以校内实践教学基地加强学生的实践动手和操作能力、以校外实践教学基地提升学生的实践能力和促进就业、以海外实践教学基地提高学生的对外交流能力的三大实践教学基地体系。

(1) 校内实践教学基地

学校一贯重视校内实践教学设施的建设，逐年加大投入校内实践教学基地建设，努力实现教学设备和教学手段现代化。通过校内实践教学基地的建设，旨在创造现场化的实习环境，以动手能力培养和创新教育为主线设计教学内容，以现代化的设备为支撑，建设一流的产学研相结合的实习实训基地，从而激发学生的创新思维、拓宽思维方式，培养学生创造性地运用所学的知识分析问题、解决问题的能力，并最终建立起培养宽基础、强能力、高素质创新型和应用型人才的平台。

目前学校有电工电子实验中心、机电工程训练中心、法学实训基地等多个校内实践教学基地，通过创建完全现场化的综合训练基地，让学生初步了解企业的实际情况和生产运营过程，培养学生综合实践应用能力，为学生毕业后尽快适应工作岗位奠定基础。此外，学校的实践教学基地在教学方式上注重对实践教学内容和方法进行改革，在教学内容安排上留给学生足够的自主空间和给教师必要的指导时间，充分发挥他们的主观能动性，以培养学生的实践能力和创新能力。

(2) 校外实践教学基地

校外实践教学基地在实践教学过程中有着不可替代的作用，它

是学生接触社会、了解社会、服务社会的主渠道，通过校外基地的实习可以提高学生解决生产实际问题的能力。校外实践教学基地建设的基本标准，一是要有明确的指导思想和建设目标；二是应有与专业实习内容相吻合的生产环节，具有一定的生产规模，较先进的生产水平和管理水平；三是基地依托单位领导班子和职工素质高，有一定的组织能力和技术力量，并能提供基本的实习生活条件；四是具备科技成果转化与推广的条件，有与学校合作的积极性。通过校企联合、校企共建、互惠互利，最终建立一批融多学科为一体的综合性产学研基地，提倡多学科联合实习，以扩大学生的知识面，增强其综合素质和社会适应能力。

目前学校与开滦（集团）有限责任公司、中澳煤矿安全培训示范中心等200多个行业和企事业单位建立了稳定的校外实践教学基地，满足各专业认识实习、生产实习、毕业实习的需要。众多实践教学基地与学校建立了产学合作，同时设立了企业奖学金，如“申电科技奖学金”等。校外实践教学基地的建立使学生最大限度地贴近生产一线，参与生产过程，甚至参与一些技术问题的解决，实现学生与生产实际的“零距离”接触，保证学生可以得到最大的感性收获和综合素质锻炼。学校通过为企业解决技术难题、培训员工、申报项目、共建研发平台、组建产业联盟等一系列措施，为企业带来经济效益，调动企业开展合作的积极性。

2013年起，学校开始进行校级大学生校外实践教育基地遴选工作，鼓励各个教学单位申报大学生校外实践教学基地，积极开展产学研合作教育。通过建设实践基地，承担我校学生的校外实践教育任务，建立我校和行业、企事业单位、科研院所、政法机关等联合培养人才新机制，推进实践教学工作，改革人才培养模式，提高我校学生的创新精神、实践能力、社会责任感和就业能力。实践教育基地分为工程实践教育中心、文学实践教育基地、理科实践教育基地、法学实践教育基地等类别。学校与开滦（集团）有限责任公司共同建设的工程实践教育中心评为国家级大学生校外实践教育基地，开创学校与企业联合培养人才的新机制。

(3) 海外实践教学基地

学校本着“请进来、走出去”的对外交流原则，加强国际交流与合作，通过多方式、多渠道建立了越南河内大学、印尼雅加达华文教育协调机构、印尼八华国际学校3个海外实践教学基地。学校每年都会有学生到海外实践教育基地实习，学生的实习工作得到了所在单位的认可，并且有部分学生直接留在实习单位工作，促进了就业。学生通过参与国际交流、到海外企业实习拓展了国际视野，提升了跨文化交流、合作能力和参与国际竞争的能力。

此外，学校还进行校级大学生校外实践教育基地的培育和遴选工作，鼓励各个教学单位申报大学生校外实践教学基地，积极开展产学研合作教育。通过建设实践教育基地，承担学校学生的校外实践教育任务，建立学校和行业、企事业单位、科研院所、政法机关等联合培养人才新机制，推进实践教学工作，改革人才培养模式，提高学生的创新精神、实践能力、社会责任感和就业能力。

6 应急特色的实践教师队伍建设

高校要想提高学生的综合素质,培养学生的实践能力和创新创业能力,高水平、高素质的实践教师队伍建设是基础。对于应急管理类高校来说,建设一支应急特色的实践教师队伍显得更为重要,它是保证实践教学质量、培养应急特色的创新创业人才的核心。本章所说的实践教师队伍指的是在高校中从事实践教学工作的教师队伍,包括专职和兼职教师。具体来说主要包括:实验、实习(实训)和课程设计指导教师,毕业设计(论文)指导教师,实验教学辅助人员,以及校内外实习基地的外聘指导教师等。

6.1 应急特色的实践教师队伍建设的必要性

6.1.1 社会和行业发展的现实需要

在21世纪的今天,人可以称为最宝贵也是最重要的一项资源,社会各界对人力资源越来越重视,人力资源的质量和数量可以说是一个组织生存与未来发展的重要支撑。因此,人力资源管理便成为任何组织都不能轻视的一项工作。对于高等学校而言,高校的师资队伍建设是一项系统工程,以人力资源开发理论为基础,确定教师未来发展的专业化与职业化。应急管理类高校首先要加强师资队伍的优化,具体在教师的结构、数量以及实践技能等方面进行优化;同时,还要注重教师能力的提升,既要加强当前作为普通本科学校教师一般能力的提升,还要积极培养应急特色教师实践教学能力以及应用教学能力的建设。总之,教师能力培养以及师资队伍建设要充分体现系统化、多元化、和谐、程序化以及持续化等方面特征，积极采取各种措施、通过各种途经发现人才、使用人才与留住人才，了解人才意愿，满足人才需求，促进人才各方面能力的充分发挥，促进教师的全面发展。

6.1.2 高校教学质量提升的关键环节

高校教学质量的提升需要优秀的教师队伍做保障，高校以人才培养的目标与需要为基础，提升教师相应的教学能力，需要借助于完善的教师培训机制为教师质量与数量的提升奠定基础，通过加强与外校教师间广泛交流、聘请外校优秀教师到本校任教等多种途径培养教师的各项能力。此外，高校还要积极与企业等单位和部门加强合作，共同开展教师培训与培养工作，促进教师、工程师之间的广泛交流以及互相学习，在提高教师教学能力的基础上，不断培养其实践能力，加强实践教师队伍建设。对教师开展的实践研究与技术研发给予多方面的鼓励与支持，使其充分了解当前社会发展中的前沿技术，掌握产业最新动态，以科研带动教学，并形成长效机制。教师水平和能力直接关乎人才培养质量，因而教师除了要具备丰富、扎实的专业理论知识外，还需要具备较强的专业实践能力，能够全面指导学生进行实践，兼具教师与工程师的双重资格。因此，应急管理类高校需要加强实践教师队伍建设，保障充足的教师资源以及一流的实践教学质量。

6.2 实践教学对实践教师队伍的基本要求

实践教学是培养学生创新精神和实践能力的重要手段，是提高学生综合素质的关键环节。实践教学与理论教学虽然相互补充，但具有不同于理论教学课程的显著特征。因此，实践教学教师所担负的基本职责与理论教学教师的职责有所不同，实践教学教师与理论教学教师相比，无论在群体结构上还是个体素质上都有其特殊的要求。

6.2.1 实践教学对教师群体结构的要求

应急管理类高校的实践教学教师要顺利完成实践教学任务，培养合格的应急特色的创新创业人才，其群体首先应有合理的结构，具体表现在以下几方面。

（1）专兼结合，科学搭配

由于实践教学的特殊性，高校应保持一支专兼结合的师资队伍。保持一支占主导地位的专职实践教学教师队伍，有利于学校实践教学的稳定，保证实践教学质量落到实处；保持一支有较高质量和适当数量的兼职实践教学教师队伍，能够较好地将科学技术发展的最新成果及时引进实践教学中，有利于学校与校外单位的紧密合作，也有利于学校提高办学效益。兼职教师是指学校正式聘用的，已独立承担某一门专业教学或实践教学任务的校外社会实践经验丰富的名师、专家、高级技术人员和能工巧匠。因此，在聘请兼职教师时要特别重视从具有先进技术水平的企业技术、技能人才中选择，以弥补学校师资的不足。

（2）考虑实践教学教师的技术、技能结构

实践教学的主体是技能训练，技能等级结构是衡量实践教学教师的主要指标之一。但是，实践教学又不只限于技能教学，技术应用也占有相当比重。由于当前高技能人才比较难以获得，许多学历较高但技能等级不高的教师也承担了相当数量的实践教学，因此，在考虑实践教学教师的技术、技能结构时，要从实际出发，综合考虑教师的知识能力结构。

（3）优化实践教学教师的来源结构

目前高校实践教学师资存在的普遍问题之一就是缺乏专业的实践经验和必要的专业技能，不能满足实践教学的要求。因此，高校必须优化实践教学教师的来源结构。有些高校已经引进社会生产实践第一线的高级技术人员和技术能手充实实践教学教师队伍。这部分教师在知识结构、科技开发能力及个人素质方面与高校现有的实践教师之间具有很强的互补性，他们具有丰富的实践经验，通过一段时间的教育学、心理学和教学法培训及教学锻炼后，能够比较好地将理论知识与工作实际联系起来，不空谈原理，不照本宣科，讲授的内容生动具体、信息量大，往往使学生感到“管用”“解渴”，能够很好地满足实践教学的需要。

6.2.2 实践教学对教师个体的要求

实践教学教师个体是其群体的具体体现，为了很好地完成实践教学工作，教师个体必须具备一定的知识能力结构。下面从知识、能力、素质结构三方面提出对实践教学教师的要求。

（1）实践教学教师的知识结构要求

实践教学教师的知识结构主要应该由四个部分构成：

一是专业技术知识。实践教学教师与一般的高级技能操作人员不同，除需要有较高的技术、技能水平外，很重要的一点就是他们在实施实践教学时，除了具有与职业操作技能有直接关系的专业技术知识外，还要能够适应行业和专业的发展趋势，具备必要的技术理论知识和专业基础理论知识，不仅要“知其然”，还要“知其所以然”。

二是教育理论和方法的知识。教师教学能力的形成及发展需要一定的教育理论和方法方面的知识。教师具有这方面的知识，可以更好地理解教育教学的目的、制订优化的教育教学方案、进行课程开发和教育教学研究工作，从而更好地形成教育教学能力。教育教学能力是教师的基本能力之一，不仅关系着教师能否顺利地开展教育教学工作，最终还会影响实践教学教师社会职能的发挥，关系着实践教育存在的价值和社会效益。

三是心理学及职业指导方面的理论与方法知识。教师要组织好课堂教学和现场教学，对学生开展教学工作和职业指导，都离不开对学生心理活动的了解和分析。首先，要了解学生的个性差异及心理特点。教师只有在充分了解学生的个性差异及心理特点之后，才有可能进行针对性强的教学活动和职业指导活动，减少教学工作和职业指导的盲目性，增强教学效果和提高教学效率。其次，了解学生职业心理及职业意识、态度的形成过程和特点。学生的职业心理会受到社会方方面面因素的影响，具有显著的时代特点和青年人的特征，对其自身职业态度和职业意识的形成都具有影响。对学生进行职业训练和职业指导就要根据他们的职业心理和职业态度、职业意识等方面的特点开展有针对性的工作。最后，学校将学生的身心特点、家庭背景、就业需要和学业成绩等方面的具体情况与行业和专业发展情况结合起来，有针对性地对学生进行职业能力培养和职业选择的指导。

四是创新教育技能与方法方面的知识。实践教学教师要培养学生的创新精神、创新意识、创新思维和创新能力，自己首先必须具备相应的品质。为此，教师必须学习创新教育知识，掌握基本的创新教育方法。

（2）实践教学教师的能力构成要求

能力是人们在社会活动中对各种事件所能做出的客观反应（行为和表现）。实践教学教师应具备的能力是由其所从事的活动决定的，是可以辨识的，其结构是综合性的且发展不平衡。从总体上讲，实践教学教师的能力由教学能力和专业技术能力构成。教学能力是向学生进行知识输导和技能传授的能力，专业技术能力是教师对知识和技术的运用能力。在实践教学过程中，教师的主要任务是传授知识和技能，因此，在考核实践教学教师的能力时，主要分析其教学能力，同时专业技术能力是教学能力发展的基础，也应给予高度关注。人们完成某项工作依赖于多种能力的组合作用，而有关能力的组合状态综合地表现为某种职业活动的基本能力，因此，实践教学教师顺利完成教学活动需要以某种能力结构作为基础，所有教学活动都依存于教师的这些能力的组合效应。

专业技术能力是实践教学教师必须具备的重要能力。我们知道实践教学是一种以实践性知识为主要学习内容的教学环节。实践性知识是一种情境性知识，存在于具体的时间、地点条件下，是具体生动的、功能的、弹性的。实践性知识可能是显性的，如技术标准、操作程序、工作流程等；也可能是隐性的，是一种只能通过示范不能通过技术规则言传的“默会知识”，如那些技术要求较高的“行家绝技”。因此，培养学生的技术应用能力是实践教学中必不可少的一项内容。

在技术应用能力培养中，实践教学教师的基本职责主要体现在以下三个方面：第一，以通俗易懂的方式让学生掌握技术原理，并通过项目的恰当设置，使学生在不断解决问题的实践活动中形成相应能力。第二，教师能够比较熟练地进行技能操作，并能引导学生加以应用。实践教学教师在训练学生职业技能的同时，有意识地将专项技能置于一定的技术背景下，引导学生运用技能解决一些技术问题，有助于学生技术应用能力的培养。第三，学生技术应用能力的培养需要教师对他们进行技术应用方法的指导，而方法多来自教师自身的经验和摸索。一般教师由于缺乏职业或技术经验，不能很好地对学生进行适当的方法指导，而实践教学教师可以借助自身的经验优势，引导学生应用相关原理和技能对问题进行分析、诊断并确定解决方案和方法，指导学生用一定的方法解决问题，从而提高技术应用能力和水平。

(3) 实践教学教师的综合素质要求

素质是人在先天生理基础上，经过后天教育和社会环境的影响，由知识内化而形成的相对稳定的心理品质。从高等教育的角度来看，人才素质应包括四个方面的内容，即思想道德素质、文化素质、业务素质、身体心理素质，也就是通过教育在这些方面形成的相对稳定的心理品质。实践教学教师与其他教师一样具有思想政治素质、职业道德素质、科学文化素质、业务素质和身体心理素质；同时，实践教学教师比普通专业课教师具有更高的行业职业素质和更强的实践动手能力。一名优秀的实践教学教师区别于理论课教师至关重要的素质品质具体表现在以下七个方面：

一是行业职业道德。行业职业道德是行业中约定俗成的、从业人员应共同遵守的行为准则和规范。实践教学教师要投身并引领学生进入行业职业领域，首先必须按照行业职业道德办事。因此，这些教师除熟悉并遵守教师职业道德外，还要熟悉并遵守相关行业的职业道德，清楚其制定过程、具体内容及其在行业中的地位、作用等，并通过言传身教培养学生良好的行业职业道德。

二是行业职业素养。实践教学教师应该既能从事教育教学活动又能从事行业职业实践活动，并且能将行业职业知识、能力和态度融合于教育教学过程中。因此，实践教学教师必须具备宽厚的行业职业基本理论、基础知识和实践能力以及把行业职业知识及实践能力融合于教育教学过程的能力；了解社会、用人部门对本专业人才技术技能水平的要求，注重对学生行业职业知识的传授和实践技能、综合职业能力的培养，并能正确完成技能操作示范；能够根据市场调查、市场分析、行业分析、职业及职业岗位群分析，调整和改进培养目标、教学内容、教学方法、教学手段，并进行专业开发和改造。

三是经济素养。经济素养是从业人员必须具备的基本素养之一，实践教学教师应具备较为丰厚的经济常识，熟悉并深刻领会“人力资本”“智力资本”等经济理论，树立市场观、质量观、效益观、产业观等经济观念，自觉按照竞争规律、价值规律等经济规律办学办事，并善于将经济常识、规律等贯穿于教育教学的全过程。

四是社会交往和组织协调能力。实践教学教师既要在校园内进行交往和协调，又要与企业、行业从业人员交流沟通，还要组织学生开展社会调查、社会实践，指导学生参与各种社会活动、实习等。这些教师的接触面广、活动范围大，其交往和组织协调能力尤显重要。

五是管理能力。实践教学教师，尤其是经济管理类的实践教学教师，除了应具备良好的班级管理、教学管理能力外，更重要的是要具备企业、行业管理能力，懂得企业、行业管理规律，并具备指导学生参与企业、行业管理的能力。

六是创新能力和适应能力。在科技迅猛发展的今天，行业职业界日新月异，这必然要求实践教学教师自身要善于接受新信息、新知识、新观念，分析新情况、新现象，研究、解决新问题，还要不断更新自身的知识体系和能力结构，掌握科技应用前沿技术，适应外界环境变化和主体发展的需求；具备良好的创新精神、创新意识，掌握创新的一般机理，善于组织、指导学生开展创造性的活动。

七是良好的身体素质和独特的心理素质。基于实践教学工作的性质，实践教学教师需要较大的体力付出，因而需要具有较好的身体素质。在心理素质方面，实践教学教师除应具备一般教师所具有的心理素质外，如轻松愉快的心情、昂扬振奋的精神、平静幽默的情绪、豁达开朗的心胸、坚忍不拔的毅力，还应具有一些独特的心理素质，如精细的观察力、精准的操作能力、良好的协作性和安全意识等。

6.3 实践教师队伍建设的现状

培养一流的人才，需要有一流的师资。师资水平决定了高校人才培养水平和学校的竞争力，建立“懂专业理论、会技能”的实践教师队伍是应用型高校生存发展的一个重要基础。虽然目前各高校都非常重视师资队伍建设，并取得了一定的成就，然而长期受传统教育观念的影响，高校在师资培养上普遍存在着重理论轻实践、重学历提高轻能力培养的倾向，在教学质量考评中也往往偏重教师的课堂讲授水平，忽视了教师的实践和实训能力，造成了教师教学脱离实际，实践教学水平参差不齐，教学效果欠佳。近年来，随着我国高校本科教育的迅猛发展，大量具有博士学位但几乎没有实践教学经验的青年教师充实到教学和科研一线师资队伍，进一步弱化了高校师资队伍实践教学能力的整体水平，这种师资队伍的发展已严重制约了应急管理类高校实践教学质量的提高。

6.3.1 高校对教师实践教学能力的培养重视不够

随着高等教育人才培养的精细化，大多数高校根据“分层分类”原则调整自身的发展方向，人才培养目标也随着社会需求的变化逐渐多样化。总体来看，重点高校更加注重学术型人才的培养，职业类院校重视应用型人才的培养，而普通本科院校处于一个尴尬模糊的地带：一方面学校自身转型面临着传统观念上的偏见，导致转型升级推进缓慢；另一方面当地政府和教育部门对转型院校资金投入不足，导致这些院校不能及时升级学科发展所需要的设备和仪器，教师在教学和实践中的基本教学条件得不到保证，直接影响了实践教师的培养质量和进程。

目前，我国高校完整的实践教学管理格局尚未真正形成，高校对实践教学和教师实践能力的培养还是重视不够。有的高校对高等教育的内涵建设重视不够，学校工作中的教学中心地位不突出，对学生动手能力的培养和对教师实践能力的培养落实不到位。许多高等院校在师资培养上注重的是教师学历层次和职称结构的优化提高，许多院系一刀切地提出教师队伍“博士化工程”，将精力和资金集中放在这一方面，忽视了教师实践能力的培养和提高。

6.3.2 高校教师实践教学能力有待提高

造成高校教师实践教学能力欠缺的一个主要原因，就是高校教师大部分是所谓的“三门”教师，即从家门到大学门再到高校门，他们基本没有接触社会、接触企业，其实践能力和社会活动能力普遍较低。高校“会技能”的教师少，应对课堂教学“懂理论”的教师多，不少教师“三高一低”，即教师职称高、学历高、理论水平高，但动手能力十分低下，在教室讲台上“轻车熟路”，但只是局限于理论，到实际操作时却不得不“望洋兴叹”，是纯粹的空头理论家。比如，有的会计课教师不会做账，有些外贸课教师不了解外贸交易流程等，其能力仅仅停留在书本知识层次，这就使教师对学生实践能力的培养成为无源之水。所以，目前不少高校的实践教学往往流于形式，或者只能满足于低层次技能训练，不能很好地满足高等教育整体实践教学的需要。

校企联合培养实践教师受阻，一是由于院校教师教学任务繁重，没有多余的时间和精力参与校本培训或者企业实习；二是部分企业不愿意与高校配合培养实践教师，认为这项工作影响企业内部的管理秩序，也不会给企业带来实效或者利益。相关的案例研究表明，企业骨干到转型院校教学、教师积极参与企业培训讲授理论知识对校企双方而言，是一个互惠互利的良性循环过程，并且经过校企联合培养的实践教学教师也会成为推动普通本科院校教育改革和转型发展的中坚力量。目前,实践教学教师认证体制不健全等原因使得校企联合培养实践教学教师渠道受阻,制约教师队伍的建设。

6.3.3 高校教师实践教学能力培养的意识不强

与普通高校教师所从事的科研和教学工作侧重点不同,实践教学教师的教学活动更加偏重于应用理论的研究,更加注重实践技能的提升。但由于教师在转型过程中对自身的定位不明确,专业发展意识淡薄,导致其通过参加培训提高自身实践能力的动机不强。在教学过程中,实践教学教师会不断面临着新问题、新情境,由于他们转型意识薄弱、积极性不高且跟不上环境、学生、技术等变化,也不能根据人才培养要求不断提升自身的专业化水平,因此导致其出现重教学轻实践、专业实践能力不强等一系列问题。

高校要培养具有较强的动手能力和解决实际问题能力的应用型人才,需要"懂理论、会技能"的教师队伍。然而,高校大多数教师都是从学校毕业后直接走上讲台的,他们大都来自普通高校,学科教育的烙印较深,不但缺乏实践教学能力,还对教师实践能力的重要性认识不足,对参加专业技能培训不感兴趣,提高自己实践能力的意识不强;甚至有些人认为有理论才有高度,有理论就有深度,看不起技能型教师。所以,现在有相当一部分高校教师把主要精力放在课题的申报、经费的申请、论文的发表、专著的出版以及奖励的获得上,而对于自己的教学本职工作则往往关注不够;甚至一些教师为了有更多时间和精力从事科研工作,对教学工作漠不关心、敷衍了事,不愿意从事基本的教学,不愿意探讨教学方法、成果、业绩的得失,不愿意从事教材的编写,其教学内容陈旧乏味、教学方式照本宣科、其科研新成果也不能充实到教学实践之中。

6.3.4 高校对教师实践教学能力的考评体系不完善

当前高校教师实践能力考核完全处于"真空"状态,教育主管部门也未颁布相关的高校教师实践能力考评制度,与教师息息相关的教师职称评定也未对教师实践能力做任何要求。现行的大学职称评审基本上是依据综合性大学教师职称评定标准实施的,采用论著送交学术研究人员评审的方式，导致理论性学术论著易被认同，而应用性实践成果不被重视。从实际情况看，在高校现有的考评模式下，教师的主要精力被迫集中于科研，教学只是“走过场”，而实践水平更无从谈起。这也许就是许多人的研究成果既不具有应用价值，也不具有原创性的原因。

6.3.5 高校缺乏选拔和培养优秀实践教学教师的有效机制

经调查研究发现，高校对实践教师队伍建设缺乏明确的规划，教学入职培训内容单调，校本培训体系欠缺，导致出现师资结构不合理等问题。在激励机制方面，许多普通本科院校没有或者很少采取激励措施，例如额外福利、专项经费等鼓励实践教学教师提升自我素质的行为。另外，教师工资福利和分配制度与其知识结构、学历结构脱节，也没有与实践教学教师能力水平相适应的激励机制，这在一定程度上打击了实践教学教师继续提升个人综合素质的积极性。在评聘体系上，很多普通本科院校对于专任教师的职称评聘要求过高，没有体现出普通本科院校培养技术型人才的特点。目前，高校还是过于侧重教师的理论教学和研究成果的考评，使得实践教师队伍建设进程受阻。

美国教师任职资格的标准很高，教师不但必须大学本科或硕士研究生毕业，还必须经过教育学院和相关专业实践机构的专业培训，每两年半必须参加一次教师资格考核，取得任教合格证书；澳大利亚为了保证高校教师能够跟上知识更新和企业各项发展的步伐，政府要求教师除参加各类讲座和技术培训外，还必须定期去企业进行实践，参加企业培训；德国的很多教师是从工业部门聘任的，因此教学和实践具有天然的紧密联系。与发达国家相比，我国的传统高等教育以理论教学为主，实践教学只作为理论教学的一个论证环节和补充环节而被摆在次要地位。在这种教育观念下，学生的实验和实习被看成是课堂教学之外的辅助性活动，缺乏严格的要求和科学的指导；学校重视理论教师队伍建设，轻视实践教师队伍建设，实践教学教师、特别是实验教师往往被当作教辅人员看待，从而难以吸引高水平的人员参与教学；在高校实践教师的选拔和任用上，学校往往也是重理论、轻实践，重学历、轻能力，随意性大，难以形成真正适用于教师实践教学水平提高的“优胜劣汰”机制。

6.4 应急特色的实践教师队伍建设的路径

应用型高校要把提高教师实践能力作为提高教师素质的工作重点，并作为学校改革和建设的一件大事，切实抓紧抓实。要加强教师实践教学能力的培养，改善实践教学环境，制定相关政策和措施，采取必要的激励手段，不断提高教师实践能力，逐步建立起一支“懂理论、会技能”的实践教学师资队伍。

6.4.1 健全实践教学师资队伍建设的管理机制

（1）建立培养实践教学教师的工作机制

应用型高校要形成高效、合理的实践教学团队，建立横向到边、纵向到底的全方位覆盖的教师实践能力培训体系。通过校内人事分配制度、教师聘用制度等相关制度和细化的教师培训优惠政策实现培训工作机制的创新，建立以岗位聘用制为核心的用人机制，实行“按需设岗、全员招聘、择优聘用、严格考核、一年一聘”的教师岗位聘用制，开创教师实践能力培训工作的新格局。

（2）建立培养实践教学教师的考核机制

应用型高校应合理调整有关政策和规定，建立教师实践能力培训考核评价体系，对教师参加培训的情况作出相应的考核，并与教师的任用、职务晋升、职称评聘紧密结合起来，激发教师主动参与培训的内在动力，形成教师培训从“要我培训”转变为“我要培训”的新局面。

（3）建立培养实践教学教师的保障机制

应用型高校一方面要设立培训基金，使教师实践能力培训工作从人力、物力、财力上得到保证；另一方面，还应建立教师继续教育规划和制度，使教师实践能力培训从管理手段上得到保证。上述两方面可以为实践教学教师培训顺利进行提供依据和保证。

(4) 改革实践教师的认定和培养方式，加强实践师资队伍建设

应用型高校要与企业展开深度合作，加大校企合作领域和增加与相关人员的合作机会，促进学校对学科进行合理定位，突出发展特色，拓宽发展规模等，打造高校与政府、企业“产教结合、研学互融”的协同发展培养方式。

促进普通本科高校实践教师的转型并不是短时间能够解决的，需要政府、学校和教师三方合作，而且还要经历实践教师操作实践锻炼和培训的必要阶段。高校应结合自身的实际情况，寻求一条适合本校实践教师的有效培养路径，针对教师理论教学能力和实践技能制订符合且可行的培养计划，对各项培养指标有所指定，然后对其进行严格实施。具体地说，高校应制定适合本校实践教师培养的长期目标和培训的短期目标，再划分为分项任务，分配到每个学院和各个教师。从内容上看，建立专业的实践教师测评体系，明确专业教师发展方向，测评方式要针对教师发展的各个方面。从培训形式上看，全面促进岗前培训和在职培养相结合，脱产进修和在职学习相结合，系统长期培训和短期培训相结合，学历培训和提高培训相结合。高校要安排教师有计划、系统地利用假期和业余时间进行师资培训，全面提高他们在不同类型、层次和专业方面的水平。总之，高校应该制订一个全面计划，培训转型教师，并且有计划和有组织地逐步更新他们的专业知识和实践技能，以提高他们的学术水平，从而促进高校实践教学教师队伍建设。

6.4.2 优化教师的引进和培养机制

(1) 坚持以培训在职教师为主，引进人才和聘请兼职教师为辅的原则

对在职教师进行实践技能培训是建设高校实践教学师资队伍的主要途径。具体来说，对在职教师的培训可以通过校本培训和校外培训两种方式实现。校本培训主要通过聘请企事业单位拥有丰富实

践经验的相关专家或生产一线的技术人员对教师进行短期培训，以及本校教师共建学习型组织，在校内实验中心通过"传、帮、带"进行实践锻炼，提高教师素质。校外培训是指选派本校教师到国内外专门的职业技能培训机构进行培训，或是到实习基地、企业一线进行学习，让教师得到职业实践锻炼。学校应该允许调整每学期的教师工作安排，为他们创造出上课的"轮空期"，进而分期分批轮换到企事业单位参加半年到一年的挂职锻炼。教师只有经过实践训练，才能真正了解实际生产工艺和流程，熟悉企业的制度和文化，在岗位实践中受到职业素质的训练，深化专业知识和技能的学习，从根本上提高自身的实践操作能力。

与此同时，高校应积极引进实践水平高的人才，这是有效建设实践教师队伍的辅助途径。高校引进企业中那些既有教师素质又有丰富实践经验的人员，不仅能够迅速满足学校教学需要，还能够为学校的课程建设带来勃勃生机。除此之外，积极聘任科研、企事业单位优秀的科技人员、工程人员、管理人员、技术能手等作为学校的兼职教师，对高校的师资队伍也是很好的补充。通过专、兼职教师的相互交流，发挥"传、帮、带"的作用，促进教师实践能力的提高，提高教师实践教学的整体水平。

(2) 重视校企合作平台的搭建，加大在职教师的培训力度

高等教育应该是一个开放的、不断更新并与社会紧密联系的系统，就应用型高校而言，建立与企业的合作关系非常重要。搭建校企合作平台，是实践教师队伍建设的最佳方式。首先，教师可以去合作企业实习，及时掌握企业生产和工艺过程，不断学习、更新相关知识。这样既有助于实践教学教师的素质培养，也有利于专业建设、课程建设和教学改革。其次，高校还可以通过产学研合作，吸收企业既谙熟专业技能又适合教师岗位的专门人才，把生产、服务、管理一线的成功经验引入课堂和实训环节。

应用型高校可实施委托培养的模式，将教师分批次安排到一些相关的企业中实习和锻炼，或让科技特派员参与一些国际项目的研

发和合作中，提高教师实操技能，推进专业与课程建设和教学改革；引进在相关行业中有着丰富经验和研究水平较高的专家与技术人员担任相应专业与课程的教师，促进行业企业人员为校内教师传授技能，打通学校与企业之间的桥梁，组建同时具备理论与实践技能的教师团队。因此，为了满足当今企业的多样化需求，满足高校专业教师理论知识与实践技能的需要，学校应有针对性地组织各专业教师进入各行各业中，丰富自身的社会经验和专业知识，提高自身的专业实践能力。学校可以在寒暑假期间让专业教师进入相关行业的企业，使他们及时掌握行业的第一手信息，了解行业的现状与发展趋势，更好地把自己的理论知识与实践相结合，提高自身实践素质。学校还可以通过实施相关规定提高专业教师的实践素质，如规定在评定职称和聘任职务时需要有到相关行业企业1～2年的实践经验；还可以将专业教师分派到对口的培训基地进行专门的学习培训，并对获得相关专业技能证书的教师进行奖励，以此激励教师不断充实自己的专业经验和知识，掌握相关技能，增强自身实践能力。

通过搭建校企合作平台，按照“实际教学工作需要”的教师培训原则，有计划、有目的地组织专业课教师深入企业生产一线，熟悉生产环节和操作工艺，掌握最新技术信息，提高实际操作技能，及时了解企业发展的最新动态，了解生产一线对人才素质、人才知识结构的要求。通过搭建校企合作平台，还可以广泛开展教师实践能力培训，围绕校企合作教学模式，针对教师培养学生岗位能力的实际需要，送教师到科研院所、企业一线进行培训，提高教师现场解决实际问题的能力。

(3) 学生和教师共同到行业企业一线学习，使产学研更好地融合

应用型高校可以利用假期时间带有明确目标地让教师和学生分批次地进入行业相关企业，通过上岗实操等多种形式进行锻炼，提高其经验和技能，丰富其专业知识。学校也可以从行业企业等用人单位将具备丰富的专业知识与经验技能的专家请进学校，与学生和教

师展开亲密互动，把理论知识与实践技能紧密结合，在向学生传授理论与技能知识的同时，也对在岗的专业教师进行相关培训，为学生和教师的实践经验累积与创新创业提供更多途径和综合服务，推进实践教学师资队伍的培养与建设，不断更新教师的知识理论体系和学生的学习观念，使师生掌握更多的专业实践技能，实现实践教学师资队伍引进与培养的充分结合。

(4) 建立和完善青年教师的培养路径

应用型高校应实施实践和职业资格等方面的培训，引导青年教师对自身未来的职业生涯进行科学规划，加快青年教师转型，并在完成课程、研究方向与职业成长上定位；多举办一些教学公开课、知识技能竞赛、学术沙龙等活动，提高青年教师的教学和职业能力；建立青年教师岗前专业培训机制，增加青年教师的外出研修与职业锻炼经历，并与职称的评定挂钩。学校可以每学期选派专业骨干教师和优秀中青年教师前往一些高水平大学进行学术交流和学习，并不断地提升本校青年教师队伍的综合素质。

(5) 创办产学研相结合的体系

产学研相结合就是生产、教学与科研三者合一，以发展生产、新技术、新工艺和相关应用来促进教学的发展。在信息技术高度发展的今天，高校不能把教学作为单独的一部分去发展，而是把教学渗透进科技发展和经济建设当中去，同时大力增强教师的科学研究精神和创新创造实力。相关生产部门和科研基地应当与学校合作，加大推进实践教学基地和实验教学场所的建立，发展长处，减少短板，形成一个新时代的命运共同体。高校为了给学校的学生开展实践活动和进行相关培训及有关科研单位进行试验创造有利条件，就要积极利用实践教学基地的先进科学技术和设备器材，推进应用项目、科学成果、生产技术、科技咨询的开发和研究，形成一种产学研合一的良性循环模式，并积极探索相关的运行机制和教学培训的路径。

6.4.3 制定有利的政策和措施保障师资队伍建设

加强教师实践能力培养，提高教师队伍整体素质，政策的保障和措施的支持十分必要。目前,高校专业技能突出的实践教学教师稀缺的现象普遍存在,师资数量不足,结构不尽合理,师生比例超出教育行政部门的规定,导致教师工作量过大,超负荷运转,无暇顾及实践能力的提高。教师评定偏重于教师的科研能力,缺乏对教师教学能力和实践能力的要求,导致教师重科研轻教学和实践的倾向严重,阻碍了高校教师教学水平的提高以及实践技能的培养。因此,调整高校人员编制、人员结构、职称评定等相关政策十分必要。应用型高校可以考虑在教师职称评定中加入对教师实践能力的要求,并按实现要求的程度推荐参加教师职称资格评审,把教师实践技能作为晋升专业技术职务的评审条件之一,以促进高校教师实践能力的培养。

为从根本上解决高校实践教学教师发展的问题,需要构建发展型高校实践教学教师评价体系,制定相关的激励措施,在教师进修培养、职务晋升、工资福利待遇等方面向"懂理论、会技能"的教师倾斜,做到理论与实践并行、知识与技能并重,促进和推动专业教师实践能力的不断提高。对高校教师评价体系的改革,首先就是对教师进行分类管理,才能对教师主动向实践方向发展具有明显的激励作用;其次是制定实践教学教师的职业和相关资格认定标准,明确实践教学教师数量比例和对培训的要求,启动相关的资格认定工作,在职称评聘、评优评先等方面要向教师倾斜;第三是为教师的培训提供专项经费,与企事业单位合作培养实践教学教师,建立实践教学教师教学和实践基地,实施"两进、一培、一参与"等相关制度,并采用多种培训手段调动所有相关人员的积极性,让他们对高校转型发展积极认同,以稳定和壮大实践教学师资队伍。

7 应急特色实践类教材建设

教材建设是高等学校教学建设的重要支柱，高质量的教材是培养优秀人才的基本保证。实践教学是培养学生实践能力和创新创业能力最重要的教学环节，而实践教材在培养学生的动手能力、实践技能、创新创业能力方面尤为重要。2020 年教育部发布的《普通高等学校教材管理办法》指出，组织建设信息技术与教育教学深度融合、多种介质综合运用、表现力丰富的新形态教材。因此，我们必须高度重视实践类教材建设工作，编写出适应应急特色和学科专业特点的符合人才培养特色的优秀教材。

7.1 实践类教材建设的现状

实践教材建设应以宽基础、重能力、求创新为总体思路，优化课程设置，整合教学内容，注意针对性与操作性；根据技术领域和职业岗位的任职要求，与行业企业合作开发体现岗位要求、突出实践能力培养的优质核心课程和特色教材；按照课程综合化要求，参照相关的职业资格标准，建立突出职业能力培养的课程标准；教材应具有前瞻性，并能及时更新；开发立体化教材，激发学生的学习兴趣，提高教学效率。但是，目前实践类教材的起步较晚，加上整体的重视程度不够，能够符合应急特色创新创业人才培养目标的实践类教材少之又少，远远不能满足当前应急管理事业和社会发展的需要。

7.1.1 对实践类教材的重视不够，优秀的实践类教材缺乏

大部分高校对实践教学的重视程度不够，所以实践类教材建设

起步也较晚，加上不同学校不同专业开出的实践内容很难一致，实践教材的受益面较窄，很少有教师乐意编写实践教材，即使有教师想编写，但由于缺乏相应的参考资料，编写难度大，从而造成实践类教材缺乏，特别是与实践条件相配套的实践类教材严重不足。笔者对所在高校实践教材立项进行统计分析发现，在该校近 5 年的教材立项中，只有少数几本实践教材立项。

7.1.2 实践类教材内容与人才培养目标脱节

应急管理类高校在专业课程的设置中，应遵循在应急特色的基础上，满足“由基础到专业，由单一到综合，由低级到高级”的原则，对学生进行阶段性能力培养。现在所见到的实践教材，大多由高校中相关专业教师组织在一起，由主编进行分工，各位参编教师按照自己的教学内容独自编写各自的科目或实践环节，没有形成统一的实践教材编写体系。在实践教材内容的衔接上，存在内容重复、数据缺失等现象，在教学时教师和学生无所适从。

此外，有的教师在编写实践教材时，仍是以教师教学为中心，未考虑使用教材的主体是学生，且在编写过程中未将实践教学培养目标及高校人才培养方案贯彻于教材框架之中，使得教材内容与实际需求相脱节，最终使学校培养的学生难以适应社会需求，导致高校培养应用型人才的教学目标难以实现。

7.1.3 实践教材与社会实际脱节

实践教材内容与学生实际需求脱节，很多学校实践教材的编写借鉴了同类的专业教材，参考其他研究型、专业型和学术型大学的实践教材，仅仅改变实验名称、修改实验数据、增加理论知识和添加扩展知识等，其内容根本不符合当地社会经济发展现状和学生掌握技能的需求，没有体现应用型人才培养的特点。

国外实践教材内容与国内实际脱节。随着对外交流的频繁和多样化，我国从国外翻译引进种类繁多的教材，但由于认知和实际环境的不同，引入的大多是理论教材，很少见到国外的实践教材，更没有见到成系列的实践教材。另外，我国应用型教育提出的时间较短，实践教材建设的经验更加不足，且我国各地区经济、文化差异明显，对实践教材内容的需求各不相同，无法借鉴已有的成熟实践教材指导其他实践教材的编写。

7.1.4 编写人员与社会企业脱节

我国很多实践教材内容结构不合理、实践教材特征不突出且针对性不强，教材内容千篇一律、没有创新、与实际没有关联。其主要原因是参加教材编写的各高校教师大多是学院派，一直从事教学工作，没有在企业一线工作的经历，实际经验欠缺，实践技能不够，无法对企业的实际需求做出反应，没有将理论与实践很好地结合，偏重理论，忽视实际操作能力的训练。此外，高校教师参加实践教材的编写很多出于评聘职称和学校考核的需要，只是考虑完成任务，对内容的把控没有严格要求，这就造成实践教材无法起到指导学生掌握实践技能的目的。

7.1.5 实践教材内容更新不及时

有的实践教材一旦出版，就一直延续使用，内容陈旧，不能及时将新知识、新技术、新工艺、新装备、新材料、新案例反映到教材中，不适应现代高新技术发展的需要；有的实践教材内容与职业衔接断层，与劳动部门颁发的职业资格证书或技能鉴定标准衔接不紧密，无法指导学生满足行业、职业的需要。

7.2 实践类教材建设的原则

7.2.1 基于人才培养目标的原则

实践教材的开发要围绕实现实现专业人才培养目标这条主线来设计和实施，构建知识、能力、素质等模块，培养学生的实践能力和操作技能，最终达到实现应用型人才培养目标的要求。

7.2.2 以市场需求为导向的原则

实践教材的开发应以市场需求为导向，面向生产、管理、服务第一线，根据本地区的经济结构特点，有针对性地安排实践教材内容，确保教材的实用性、针对性、职业性、先进性等，实现与企业的零距离对接。

实践教材的内容不但要满足企业需求，具备一定的操作技能知识，还要保证与学生所学理论知识相结合。实践教材开发项目要与企业合作，针对企业运营中的流程、环节、技术、问题等方面开展讨论，分析哪些知识是企业开展业务必须掌握的，哪些知识是将来会用到的，以满足实践教学基地企业和社会同类型企业的需求。

7.2.3 满足教学需要的原则

实践教材是为实践教学服务的，而实践教学是将实务操作训练和专业实习相结合，所以实践教材的建设必须满足实践教学的需求。为此，实践教材的编写要注意以下几点：

实践教材的内容一定要理论联系实际，满足学生今后就业的真实需要。这就要求实践教材的内容不仅要有理论知识，还要有相关企业的案例、处理问题的流程和相关软件的操作等知识。所以，在编写实践教材时要和相关行业企业沟通，使实践教材内容真实不偏离实际，且学生能学习完成有收获。

实践教材的内容应教会学生具备处理突发状况的能力。在现实工作中，不是所有的事情都是按照预设的标准进行的，往往有很多突发事件需要根据实际情况随机应变、灵活处理。因此，实践教材的内容不仅要教会学生遇到具体问题时处理问题的方法和步骤，还要使学生具备分析和处理突发状况或复杂问题的能力和方法。

7.2.4 参编人员多样性的原则

应用型实践教材的编写要符合社会生产的需要，对应社会生产的实际技术水平，要求具有实用性。学生学习实践教材之后能对社会实际生产作业有所认知，能上岗操作，并能发现生产作业中出现的技术问题，更高层次上要求学生能解决这些问题。而这种类型的实践教材仅仅依靠高校教师完成，会出现与企业生产实际不符的结果，所以，需要企业一线工作人员提出具体技能要求，结合高校教师理论知识，共同完成教材编写才能达到所需的效果。为此，高校的实践教材的编写工作需要其与实践教学基地企业紧密联系，由企业根据实际需求进行编写任务的安排，以满足企业实际应用需求。这样就要求高校一定要保证实践教材编写人员的多样性。

7.2.5 创新发展性原则

随着信息化教学的常态化，实践教材的开发必须满足学生信息化学习的需要，利用信息化手段进行实践教材开发。实践教材要打破传统教材的模式，在编写思路、手段等方面加以创新，充分体现专业教学特色，全面利用现代化信息手段，教材内容除了文字外，还可以加入视频、音频及配套的电子资源库等，加快教材更新的步伐。

实践教材要跟随时代发展，能够体现当前社会发展的新形势、新技术，密切关注行业和专业发展，积极搜集行业发展的相关资料甚至深入行业内部了解其最新发展动态，同时适当介绍国外新技术、新方法，以便拓宽教材的广度。在实践教材建设过程中，对教材内容要及时更新优化、去旧换新，对企业的新技术、新标准、新材料、新方法等内容要及时收入，使之与当下行业发展保持同步。只有保证实践教材的先进性，才能确保培养出符合时代发展、行业需求的高质量应用型人才。

7.3 立体化实践类教材建设的方向

立体化实践类教材突破了原有的教材体系，以实现人才培养目标为中心，注重培养学生的应用和创新能力，其建设方向如下所述。

7.3.1 彰显人才培养目标和特点

实践教材要突出应用型人才培养特点，要紧密结合专业人才培养目标，明确教材在整个专业人才培养体系中的地位和作用，从内容选材、教学方法、学习方法、实验和实践教材硬件配套设施等方面突出专业特点；要突出专业能力培养的特点，摆脱理论分析过多的特点，充分应用实例与分析的内容；要对任职岗位所需知识和能力结构进行合理的设计与安排，在知识的综合性、实用性上多下功夫，同时加强实践教材建设，理论联系实际，把学生的职业能力培养融会贯通于立体教材之中。

7.3.2 内容体现应用

应用型人才培养的特点决定了教材内容的选择必须立足于专业特点，以学生在实际工作岗位上遇到的问题为中心进行内容的编排，通过创建真实工作情景，融入专业知识点，使学生在学习的过程中做到有的放矢；同时加强实践性教学环节，安排充足训练时间，保证对学生应用能力的培养效果，提高学生的实际动手能力和操作能力，从而体现应用型人才的培养要求。

7.3.3 形式立体多样

教材是为“学生的学习”服务的，因此在教材形式上要体现出立体多样化的特点。通过对纸质教材、数字化教材、多媒体资源、网络平台的建设，将各种教学媒体纳入整个教材的立体化设计和开发中，采用不同的表现形式，把教材的内容从各个角度呈现给学生；各种教学形式之间既有重复和强调，又有交叉和补充，相互配合，实现优势互补，形成一个教学资源的有机整体。

7.4 立体化实践类教材建设的内容

立体化实践类教材是指依托现代教育技术，以能力培养为目标，以纸质教材为基础，以多媒介、多形态、多用途、多层次的教学资源和多种教学服务为内容，配套教学出版物的集合。立体化实践类教材能够更好地满足教与学的需要，适应社会市场对人才培养的需求，同时亦可以适应并促进现代教学理念、教学方式和手段的改革。实践教材的立体化建设已成为目前教材建设的一个新趋势。

立体化实践类教材的展现形式多为“纸质教材＋数字化资源”，

有以二维码形式链接视频、音频、动画、图片等媒体资源的新形态教材，也有依托增强现实技术、虚拟现实技术等具有更强互动功能的新形态教材。立体化教材主要包括纸质教材、数字化教材、网络实践教材平台等其他教学支撑平台等。通过教材的立体化建设可以推进对现有的教材内容、传统的教学方式和手段、以单一书本为主的教学模式等的改革。

(1) 纸质教材

纸质教材作为主教材，主要介绍课程主体知识，是师生的主要阅读材料。应用型本科院校以培养应用型专业人才为根本任务，应始终坚持基础性和实践性的特点，坚持以人才需求为导向，培养实践能力较强的应用型人才。因此，纸质教材的编写须突出应用型人才的特点，满足应用型人才培养的要求；要基于人才培养目标进行教材整体设计、构建教材框架，编写贴近学生实际的教学内容。

立体化教材的建设，应符合学校人才培养方案，应有地方性、创新性、实践性及科学性，以将课堂理论与实践相结合的纸质教材为核心；应采取“少而精”的理念，尽量缩减基本原理知识的讲授，充分利用数字化媒体，避免学生在课堂中耗费大量精力研究基本概念；同时应加大案例教学及拓展基础知识应用的介绍，充分实现理论与实践相结合的目标。

(2) 数字化教材

数字化教学资源在立体化教材中是纸质教材的极大补充，其主要由光盘、电子数据库及网络资源等组成。数字化教材的编制应当符合教学实际及学生所需，其内容应与纸质教材中知识点相对应，并有效拓展纸质教材内容，还能有效反馈及更新。

数字化教材作为辅助性教材，主要起到实践指导的作用，要与主教材同步进行编制。在内容的编排上，采用“问题提出→解决方案→补充说明”的形式给出，同时把重要的知识点融入其中，这样不仅有利于学生对知识的理解和吸收，还有利于掌握操作技术，最终提高应用能力，对学生课后复习和实践提供有力的指导。

（3）数字资源

相较于传统纸质教材，立体化教材融入了多种形态的丰富数字资源。从多媒体教学的角度出发，结合现代技术手段，将相关的课程标准、电子课件、思维导图、微课视频、仿真动画、实操录像、应用案例、学习测评等以多种介质形态融入纸质教材，学生可以从视觉、听觉、触觉等维度更好地感受课程内容，从而产生学习兴趣，增强教学的互动性和时效性，既能满足学生顺利完成学业的需要，又能满足学有余力的学生提高自身能力的需要，使学生的学习活动变被动为主动。

数字资源通过各种网络媒介及时给学生提供学习内容和帮助，改变了学生学习完全依靠课堂的传统，延伸了课堂教学时域的概念，拓展了学生学习的时间和空间，对提高学生应用能力产生良好的推动作用。

（4）网络教学平台

网络教学平台是利用网络在线教学平台，将专业教材与网络信息技术进行有机整合的教学资源。它以网页形式存在，可用互联网浏览器阅读，并以多媒体超链接的结构制作，覆盖一门专业课程，其目的是激发学生自主学习的兴趣，同时教师通过网络授课和从事相关的教学活动，主要包括网络课程、MOOC 教学平台、微课程及视频公开课等。

立体化教学内容能够及时更新，立体化新形态教材配套的数字资源一般统一存放于数字资源平台，可以通过数字资源平台及时修改、替换、更新相关内容资源。另外，平台还可以结合人才培养目标，及时、持续地更新学科前沿、行业动态、产业发展等内容，介绍新理论、新技术、新工艺、新方法，使教材内容与时俱进。

立体化新形态教材内容资源多元化，不仅可以供线下教学使用，结合在线学习平台，还可以支撑线上教学及线下线上混合式教学等多种教学模式。近年来，各学校积极推动教育数字化转型工作，强调以学生为中心，鼓励教师充分利用 MOOC、SPOC 等平台资源，根据教学目标、课程性质、学生特点等要素，满足学生个性化学习需求，立体化新形态教材在这个教学模式创新过程中发挥着积极作用。

7.5 应急特色实践类教材建设的保障措施

7.5.1 保证教材的思想性

应急管理类高校教材建设要紧紧围绕立德树人、培根铸魂的根本宗旨，在强化特色的同时，围绕课程思政建设等具体要求，结合课程自身特点，尊重学生认知规律和教育教学规律，选择适当的融入点和融入方式，合理安排、设计内容，将爱国爱党、家国情怀、奉献坚守、开拓进取、大国工匠等价值观和使命感等融入教材之中，不能生搬硬套，避免简单贴标签，要实现有机融合，增强教育实效，确保相关内容可认知、可理解、可践行；要注重教材的科学性，确保教材中的概念表述准确、论点论据准确、数据术语准确等，科学合理地编排教材内容和章节，围绕课程大纲和教学要求，以知识系统性为主线，将不同学科之间的内容、知识点有机地结合起来，形成一个完整的知识体系。

7.5.2 强化实践性和提升应用性

在教材内容的设计上，要强化实践性。以实践驱动理论，以具体的实际案例和实践活动为主线，注重实践经验的积累和总结，借鉴国内外先进的理论和实践成果，让学生在学习过程中积极参与实践，以实践检验知识，掌握实践技能，提高实践能力，从而增强学习效果。教材的先进性体现在将最新的教育政策导向、教育教学理念、教学改革成果、学科知识、产业技术发展等内容融入教材，体现新理念、新知识、新技术，尤其对于新兴领域的技术知识，由于其知识结构更新速度快，与之匹配的教材内容要形成快速响应机制，内容资源与时俱进，不仅可以满足日常的课程教学需求，而且能为学生的职业发展奠定坚实的基础。

在教材内容的编排上，要提升教材的应用性，关注前后接续课程与教材内容的衔接和补充，注重知识的连贯性，强调理论与实践有机结合。要从问题导向出发，引导学生深入思考，提高学生的知识应用能力和创新意识，让学生在学习中发挥自身的创造性，将所学知识运用到现实生活中，从而激发学生的学习兴趣，使其理解和掌握理论知识。通过提升教材的启发性，加深学生对教材内容的理解，做到举一反三、融会贯通、学以致用，培养学生的综合应用能力，让学生能够在学习中把握知识的整体性和实用性，更好地掌握学习内容。

7.5.3 组建优秀的编写队伍

立体化教材的建设工作十分复杂，而且整体教材的使用需要有较高素质的教师进行配合，否则很容易失去其最初设立的教学效用。优秀的立体化新形态教材需要优秀的编者，编者是教材的设计者，也是保障新形态教材质量的核心力量。首先，编者要政治立场坚定，具有较高的政治素养，能够把好教材内容的政治关。其次，编者需要具有较高的学术水平、较为丰富的教学经验以及一定的教材编写经验，要鼓励名师名家带头组织编写新形态教材。再次，要组建一支高效的编写队伍，除了要统筹规划教材的内容体系、架构和重点难点外，还需要根据教学内容、知识点分布设计配套的微课等数字教学资源。最后，编者应该兼顾学科、专业背景及课程基础，积极开展同类的新形态教材调研，取长补短，突出特色，不断完善教材内容及配套数字资源。

7.5.4 立体化教材必须要做到统筹兼顾

立体化教材与普通教材不同，并不是单独为了某一课程或学科而编制，而应当涉及整个教学领域。因此，在对立体化进行建设时，应该遵循统筹兼顾的原理，整合学生的整体需求和学习兴趣，对教学现状进行科学的分析，高效地结合多媒体资源，以学生的学习为核心，创设多样的教学方式，进而为学生提供科学而实际的教材内容，从而有效地促进教学的开展。

总而言之，随着时代的发展，传统的教学模式不再受到推崇，为了提高教学的实效性和科学性，高校应该积极地建设立体化教材，逐步转变传统的教育观念，采用多样化的教学方法，并以多媒体信息技术为基础，根据学生的学习需求，创设科学而有趣味的教材内容，从而高效地提高学生的学习效率，促进教师教学水平的提高。

8 应急特色实践教学信息化管理

实践教学是高等教育教学工作的重要组成部分，是培养学生实践能力和创新能力的核心内容，是提高人才培养质量的重要环节。随着科技进步和信息化水平的提高，传统的实践教学管理已经不能满足实践教学的需要。实践教学信息化管理就是从管理角度出发，利用标准化理论知识研究实践教学信息化系统的建立与应用，提高实践教学管理质量；通过网络搭建开放的共享优质实践教学资源，节约实践教学成本，提高仪器设备的使用效率，减少仪器设备的重复购置，提供一个能有效进行实践设备动静态管理、满足学生开放实践要求的实践管理信息平台。

8.1 实践教学信息化管理的现状

信息化是充分利用信息技术，开发利用信息资源，促进信息交流和资源共享，提高经济增长质量，推动经济社会发展转型的变革力量。信息化系统的建立是实现管理信息化的基础。学校实验室、实验中心担任着为整个学校提供课程实践教学、校内实习、工程训练等的任务。通过对实验室和实践教学的信息化建设和管理，不仅可以解决实验室设备利用率低、实验室对学生开放困难、实验耗材管理复杂烦琐等造成的实践教学中的问题，还可以提高实践教学建设管理的水平，发挥优质、高效管理作用，同时，搭建的“实验室与实践教学信息化管理系统”平台可以起到良好的校级、校企之间实践教学资源示范、共享的作用。

笔者通过调研发现，目前一些高校在实践教学管理上存在以下问题：

(1) 实践教学管理信息化程度低

目前，很多高校的实践教学管理资料都是纸质文档，既不便于查找和了解实践教学的进展情况，又不便于对实践教学进行统计分析和质量监控。另外，在实践基地质量管理体系中，对于实践过程的管理及实践教学的信息化管理尚未引起足够的注意。例如，有的高校实验室手工记账，工作人员没有经过专门的培训，加上日常工作比较烦琐，有相当一部分实验室存在设备管理不规范、设备台账不齐全等现象，个别实验室甚至于没有设备台账；人员异动时实验室管理移交手续不规范，导致设备管理资料遗失、账本不清、条目不全，各种信息数据不能及时、有效地计算和统计，更不用说要做到账、物相符了。

(2) 实验设备利用率低

随着高等教育教学改革的深入发展，高校的学生越来越多，课程安排越来越分散，导致学生的学习时间也越来越分散，而学习时间的分散使实验室的实验教学时间安排遇到困难。为了应对这个问题，有的高校只能采取增加实验室数量的方法来解决，但实验室建设缺乏长远的规划，总是局限于“独立建设、为我所用”的思想框框，为了教学方便设计为“小而全”。这就出现了实验室的场地、人员、设备分散于各个专业中，人员和设备不能统一调配的情况，给实验室管理造成困难，比如不同专业有相同实验课程时相互利用实验室出现困难，特别是跨二级学院的时候调用实验室更加不便。这种情况造成重复购置实验仪器设备，增加了大量投资，而设备利用率越来越低，造成了很大浪费。

(3) 实验耗材的无序管理

由于没有统一的计划、计算和统计，要有效地监控实验耗材的购置、正确使用和妥善保管，减少材料的消耗比较困难。例如，有的实验耗用材料量大且材料价格比较贵(如一把进口刀具少则几百元，多则上千元、万元，且刀具都是损耗产品)，如果不能正确使用和妥善保管，会使实验成本大幅度上升，因此必须采取有效措施对实验耗材进行有效监控，延长材料的使用寿命。同时，由于没有数据积累或数据没有整理分析，对于哪些材料使用量大、哪些材料可替换、哪些材料易消耗、各种材料的价格等有关实践基地运行的宏观与微观数据，管理部门没有在第一时间获取，从而无法进行合理的材料规划、有计划的购置。

(4) 实践教学质量难以控制

随着招生规模的不断扩大，高校在校学生数急剧增长，专职教师增多，大部分高校还引入了校外教师、行业企业技术能手兼任实践教师。外聘的实践教师任教对学生专业技能的提升大有裨益，但如何建立一个长期有效的实践教学质量监控体系，以期对这些教师的实践教学质量进行规范和监控，是学校管理层面临的一个重大问题。

实际上，实践教学管理是一个人、机、系统有机结合的过程。在信息技术广泛应用于各领域的背景下，传统的实践教学中心管理模式已不能适应信息时代前进的步伐，引入信息化管理是一种必然趋势。现代化的实践教学中心管理模式是采用信息化的手段加以科学管理，将实践教师资源、实践课件、实践教学软件、实验仪器设备等有限的资源发挥最大的效益。在现代信息化理念的指导下，高校传统模式下的实验教学中心的各项工作将发生质的改变，实现实验教学中心工作的高效化、开放化和现代化。

8.2 实践教学信息化管理的必要性

信息化时代为高校实践教学管理工作带来了机遇，在高校实践教学管理中推进网络信息化对于学校教学管理工作意义重大，不仅能够提高高校内相关教学管理者的工作能力和水平，而且为高校提升人才培养模式指引了方向。

(1) 通过构建信息化平台推动教学管理模式创新

当前，信息技术在高校中已经得到广泛应用，通过构建网络信息化平台，高校能够改革传统的实践教学管理模式。近年来，高校实践教学管理越来越精细化，管理工作量也越来越大，如果实践教学管理者还是采取传统的管理方式，不懂得应用高效的管理方法提高管理的效率，就会给实践教学管理工作带来负面影响，进而不利于高校实践教学的健康发展。通过构建信息化平台，高校就能解决这一棘手的问题，提高实践教学管理的效率，进而推动实践教学工作的顺利进行。

(2) 信息化平台有利于规范实践教学管理工作

近年来，应急管理类高校越来越重视实践教学管理工作，这是为培养应急特色创新创业人才应做的工作。随着高校实践教学管理工作越来越多，增加的不仅仅是工作量，还有工作的难度，而只依靠传统的管理方法，已经不能适应高校实践教学管理的需求。因此，通过设立信息化平台，就能减轻高校中相关管理者的工作压力，更加科学、有序地开展相应的管理工作。此外，高校实践教学管理并不是单一的管理项目，它是一项庞大的系统工作，如果学校没有严格的规章制度和规范的工作流程，那么就不利于开展相应的实践教学管理工作。因此，通过完善信息化平台，不仅可以规范教学管理，还能提升教学管理的效果。

(3) 信息化平台为实践教学管理提供优质管理方法和策略

通过信息技术的应用，高校可以把实践教学管理渗透到整个教学管理的过程中，实现数据的共享，提高管理工作的效率。因此，高校中相关的实践教学管理部门要通过信息化平台加强与其他部门的联系，共同优化实践教学管理工作，进而为学校的教育教学提供更加准确的指引和策略。高校如果实现了教学管理的信息化，就能提高教师和学生的综合水平和竞争力，进而增强高校的竞争力。

8.3 实验室与实践教学管理系统

实验室与实验教学管理平台(如图 8-1 所示)为高校构建了一套集实验室综合管理、实验教学管理等于一体的多元化综合实践教学管理系统。平台共享教务系统数据，为实验中心、实验教师、学生提供了信息化的管理服务，相关职能部门亦能实时掌握教学进度，进行教学质量的监控和评估。

图 8-1　实验室与实践教学管理平台

8.3.1　实验室综合管理

实验室综合管理负责管理实验室基础数据和基本业务，主要为了降低实验室信息管理的门槛，实现数据收集、审核、共享目的，其具体功能如下。

(1) 建制管理

管理全校实验室建制信息和单位组织体系结构，如名称、类别、级别、建立时间等，同时管理实验室基本资料和介绍文档、规章制度，并可动态映射成相应网站宣传内容。

(2) 实验队伍管理

管理全校实验队伍中专职人员、兼职人员以及任职情况，所有数据满足教育部相关规定；反映队伍现状，通过自动记录人员变动反映历史情况等。如图 8-2 所示。

(3) 成果管理

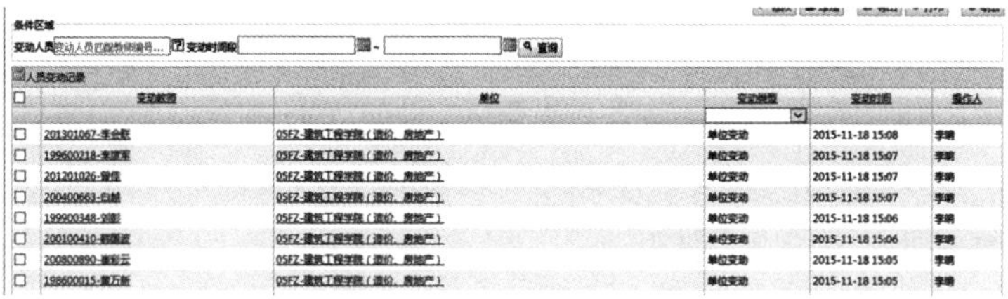

图 8-2　人员变动情况

以实验室单位或实验队伍人员为序，管理与实验室相关的各种成果，如教学成果、科研项目、论著、专利等成果信息。

(4) 用房管理

建立楼宇、房间与责任人实名对应的用房数据系统，让各级用户可以清楚管理个人负责或单位所辖的房间信息，生成各类报表。如图 8-3 所示。

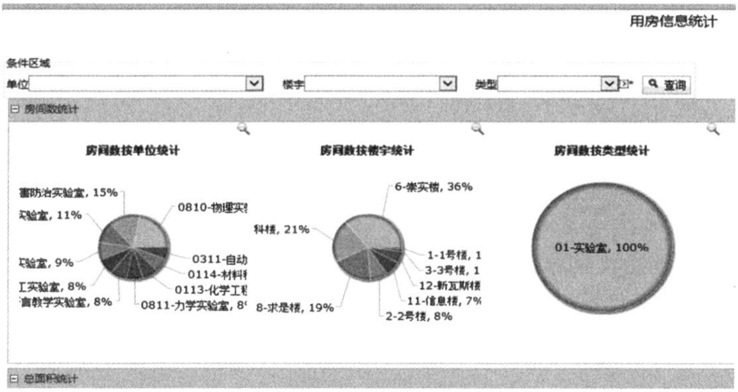

图 8-3　实验用房情况

(5) 实验项目和工作量

建立每个实验室承担的实验课程、实验项目基本库，通过管理每学期开出实验课程和实验项目情况，可以掌握单位工作量和个人工作量。

(6) 实验室安全与环境

管理实验室安全预案、安全制度;开展实验室安全管理检查、安全事故处理工作,建立内部安全事故警示档案;管理危险品存放与使用备案等。如图 8-4 所示。

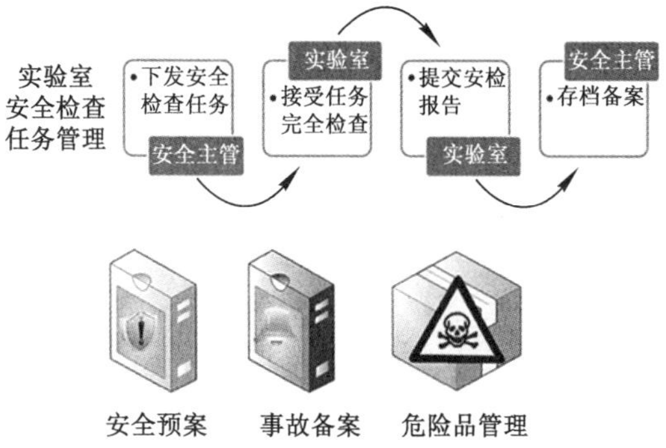

图 8-4 实验安全管理工作流程

(7) 数据上报

由系统已有数据和部分实验室上报数据,联合生成年度上报基表,系统在线检测生成数据合法性,并结合教务数据审核数据合理性,同时统计和分析当年或历年数据的变化趋势。如图 8-5 所示。

8.3.2 实验教学管理

在教务课程体系下,以实验项目为基础单元进行教学过程管理。与教务系统双向接口,同步教务系统基础数据,同时能为教务系统提供实验教学数据,具体功能如下。

(1) 基础数据管理

基础数据管理主要包括管理实验课程、实验项目、实验指导教师等信息,以及课程排选设置、房间冲突规则设置等内容。

(2) 计划内教学管理

通过教务系统获取教学计划数据,实验中心(室)依据任务数据

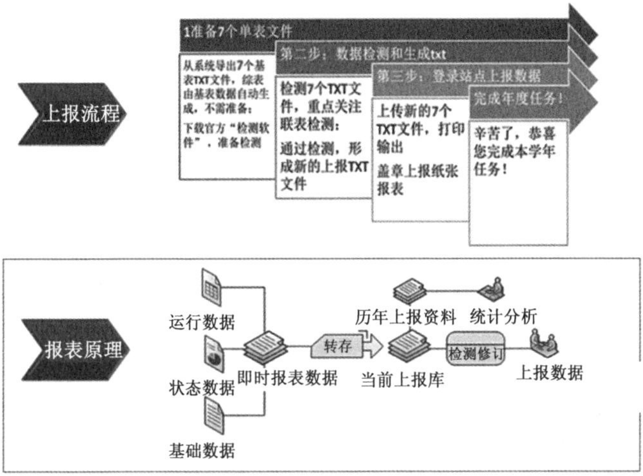

图 8-5　数据上报流程

设置上课的时间、地点、指导老师、容纳人数等信息，通过人工排课或者开放选课的方式完成实验教学过程管理，如图 8-6 所示。根据各学院实验教学实际情况，平台可采取实验中心排课(见图 8-7)，实验教师提交排课需求(见图 8-8)、中心审核排课，或学生选课等方式进行教学安排。

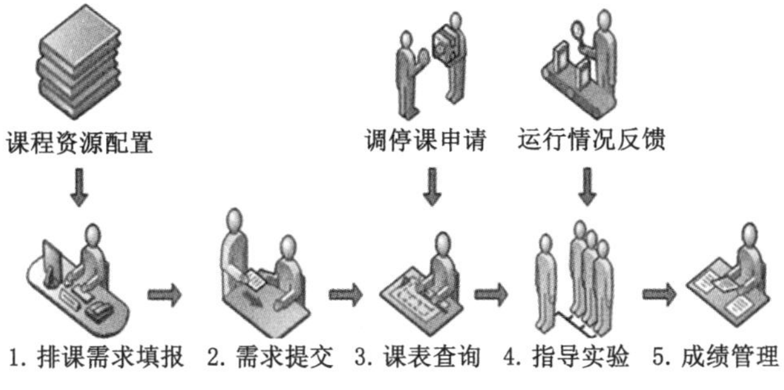

图 8-6　计划内教学管理流程

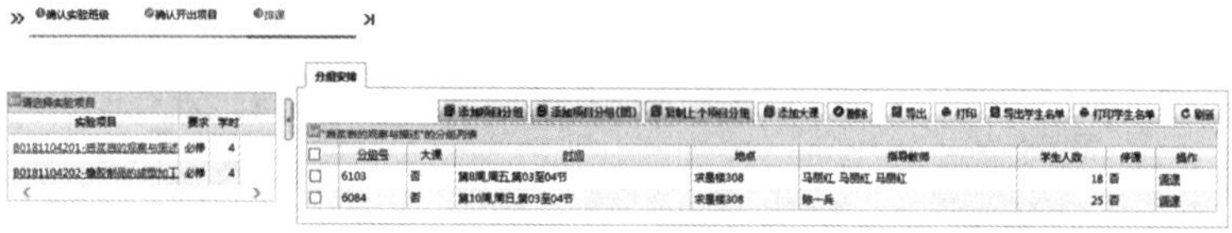

图 8-7　实验中心排课

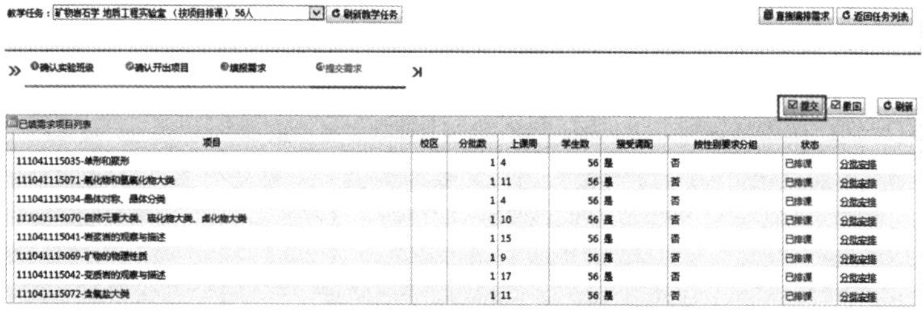

图 8-8　教师提交排课需求

(3) 学生理论课时占用分布

根据综合教务系统实时学生课时占用情况(如图 8-9 所示),可以提高中心实验项目排课成功率。

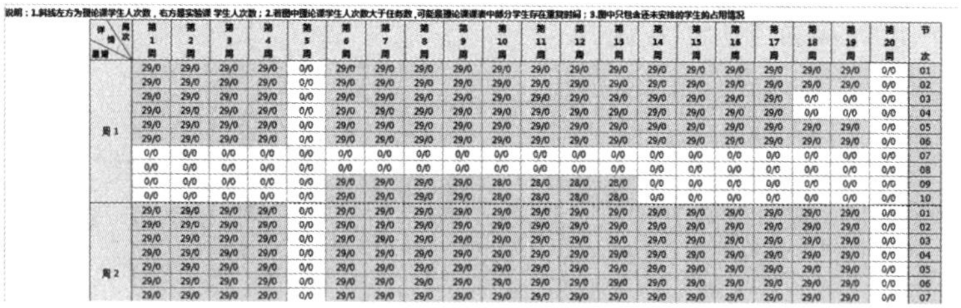

图 8-9　学生上课时间占用分布图

(4) 实验课表

学期实验课表可按教学单位、班级、场地、教师、学生等五类情况产生,方便师生查阅。

(5) 成绩与评教管理

实验课程或者实验项目成绩的录入，实验指导教师可通过登录实践教学系统进行，与此同时各单位领导可以通过系统方便、快捷地查看当前成绩录入进度，也可进行数据汇总分析，制定完善的实践教学评价指标体系，为学生评教提供数据基础，为实践教学质量管理提供数据支持。

8.4 应急特色的虚拟仿真实验中心的建设

应急特色的虚拟仿真实验中心是学科专业与信息技术深度融合的产物，更是实验教学的发展方向，其重点是建设信息化实验教学资源。构建高度仿真的虚拟实验环境和实验对象，可以实现真实实验不具备或难以完成的教学功能，学生在虚拟环境中开展实验，达到所要求的认知与实践教学效果。

虚拟仿真实验中心依托虚拟现实、多媒体、人机交互、数据库和网络通信等技术，建设具有扩展性、兼容性、前瞻性的管理和共享平台，在平台上可以通过配置、连接、调节和三维体验进行实验，学生在直观、生动、形象、逼真的图形、动画、三维场景构造的虚拟环境中开展实验演示、实训、实验探索、实训操作、实训能力测试、实验报告生成等实验活动，并具有信息发布、数据收集分析、互动交流、成绩评定与管理、成果展示等功能，实现优质实验教学资源共享，满足学校虚拟仿真实验教学需求，建立功能强大的虚拟仿真实验教学服务支撑体系。

虚拟仿真实验中心较好地解决了经常用超大、超复杂、高精密仪器设备，材料消耗量大，过程不可逆或有危险性的实验难以持续、重复进行的问题，通过更形象的技术手段帮助学生理解和掌握知识点。可见，通过虚拟仿真教学，可以用相对较低的投入，较好地解决实践教学中“进不去、看不见、动不了、难再现”的难题。

8.4.1 虚拟仿真实验中心建设原则

(1) 以学生为本

从人才培养的需求出发,调动学生的学习积极性和主动性,增强学生创新创造意识,注重知识传授、能力培养、素质提高的协同实施。

(2) 虚实结合,能实不虚

虚拟仿真实验尽管拥有众多优点,但只能处于补充和辅助教学的地位。如果实体实验都用虚拟仿真实验代替,不仅会弱化学生对仪器设备的真实感受,还会造成学生眼高手低,大大降低对学生实践动手能力的培养。高校应根据不同学科特点,建立与之相适应的虚拟仿真项目。对于真实情况不具备或难以达到的教学效果,或涉及高危、极端环境不可及、不可逆的以及涉及高成本、高消耗的教学内容,可考虑建设虚拟仿真实验项目等,充分体现虚实结合、相互补充、能实不虚、以虚促实的原则,特别是应将虚拟仿真实验项目建设和真实实验项目建设有机结合进而真正融合,使学生获得更多优质教学资源,促进学生主动参与实验和自主学习。

(3) 良好的可行性

高校虚拟仿真实验中心建设要求设计方案科学、知识体系完整、技术方案先进、开发流程可控以及运行环境兼容。

(4) 充分的必要性

高校虚拟仿真实验中心建设要围绕学科前沿或者社会需求,重点支持涉及高危或极端环境、不可及或不可逆的操作以及高成本、高消耗、大型或综合训练等实验内容。

8.4.2 虚拟仿真实验中心建设内容

(1) 依托优势学科,自主研发虚拟仿真教学资源

高校虚拟仿真实验中心应结合学科优势和专业特点,积极进行虚拟仿真实验教学资源的自主研发。推进虚拟仿真实验教学改革,在注重基础性实验项目虚拟化建设的同时,把高水平的科研成果转化为实验教学内容,将成熟的科研技术和方法引入实验教学过程,提高虚拟仿真实验教学资源的水平。例如,某专业利用虚拟现实技术

研究成果开发了一系列虚拟仿真实验教学项目，该专业学生利用该实验教学项目开展信息化环境下的教学技能训练，实践能力和信息素养同步提升。

(2) 以稳定安全为基础，搭建运行管理平台

高校建立虚拟仿真实验教学管理平台，满足校内各学院及实验教学中心建设、发布、管理和使用虚拟仿真实验教学项目的需求，实现多学科、多类型虚拟仿真实验教学项目的集中管理和数据共享，支持课程和相应实验的扩展。平台具有良好的应急响应机制，在病毒查杀、恶意攻击防控、信息过滤、入侵检测等方面达到较高的技术和管理水平；同时，采用网络传输加密、信息过滤和机密数据保护等安全屏障，保障数据安全。

虚拟仿真实验教学管理平台提供了完善的虚拟仿真实验教学辅助功能，包括实验预习与准备、开课管理、实验库维护、教学安排、实验过程智能监控和在线指导、结果评价、成绩统计查询、教学效果统计分析等实验教学全过程管理，并为校际虚拟仿真实验教学项目的开放共享、对比评价和学分互认等工作奠定基础。

为适应不同使用场景和使用终端，虚拟仿真实验教学管理平台具有良好的兼容性，可以在不同操作系统的 PC 机、平板电脑或手机上运行。学生在移动互联网环境下，可以在任意时间、任意地点进行虚拟实验操作。

(3) 以校企合作为手段，强化技术支撑

虚拟仿真实验教学项目的研发高度依赖先进技术的支撑，必须综合应用富媒体、三维建模、人机交互、虚拟现实、增强现实等技术手段。为此，高校应积极开展校企合作，充分发挥学校的学术优势和企业的技术优势，联合优秀企业共建、共享虚拟仿真实验教学项目。

高校各实验教学中心结合学科特点，对虚拟仿真实验教学资源布局进行策划，对虚拟仿真实验教学项目的内容、要求及科学性进行把关，负责脚本的撰写，并提供专业培训和学术指导。参与的企业利用信息技术手段，开展技术开发、图像采集、软硬件设备支持、平台运

营维护、开放共享以及后续产品的开发和技术支持等工作。虚拟仿真实验教学项目完成后，企业具有产品的经营权，学校享有著作权和免费使用、持续升级的便利。

（4）以提高效益为目标，推进优质资源开放应用

为提升虚拟仿真实验教学项目建设成效，高校采取多种措施推进优质虚拟仿真实验教学项目的应用和开放共享。实验教学中心的骨干教师根据所承担实验课程的专业特色，安排若干学时开展虚拟仿真实验教学；在虚拟仿真实验教学项目管理信息系统中开设个人教学空间和学生自主学习环境，实现虚拟仿真实验教学的“一体化”云端集成式管理。对于学校教研立项的虚拟仿真实验教学项目，由所在实验教学中心参与项目验收，验收合格的项目必须纳入中心的实验教学应用当中。为此，学校购入大量先进设备，如三维投影仪，动作捕捉设备，虚拟现实眼镜、头盔等，学生既可以在虚拟仿真实验教学中心畅游虚拟世界，也可以在全覆盖的无线校园网环境下对部分在线资源随时、随地进行移动学习和自主实训。

高校各实验教学中心建设的虚拟仿真实验教学项目不仅可以面向校内相关专业学生，也可以积极对外开放共享，推广应用具有自主创新特色的虚拟仿真实验教学成果。

（5）以质量提升为核心，加强评估体系建设

质量是虚拟仿真实验教学项目建设的生命线，是提升人才培养水平的核心要素。为了严格审核虚拟仿真实验教学项目纳入实验教学中心，同时促进项目的持续改进、完善与更新，学校建立了用于遴选和评审优质虚拟仿真实训教学项目的指标体系。该指标体系覆盖了虚拟仿真实验教学项目建设的完整过程，主要包括以下六方面内容。

一是建设的必要性和创新性。评估虚拟仿真实验教学项目是否符合实验教学和人才培养需要，是否充分体现“虚实结合、能实不虚、相互促进”的原则，是否围绕学科前沿或者社会急需。

二是完善的教学内容。考查教学内容的系统性、适用性以及是

否符合教学大纲和课程标准。教学内容与实验目标要有良好的匹配,知识体系结构合理、逻辑结构有序、难点重点清晰、内容扩展性好。

三是科学的教学设计。要求虚拟仿真实验教学项目界面布局合理、导航清晰简捷,虚拟实验场景和对象逼真;流程完整、系统性强、符合认知逻辑;人机交互友好、交互类型丰富多样,具备良好的教学过程和教学结果评价。

四是先进的信息技术。根据教学需要综合运用多种先进的信息技术,符合相关技术规范和标准,兼容各种运行平台和主流浏览器。

五是良好的应用效果。拥有自主知识产权,面向校内外开放共享,有较好的应用和推广价值。

六是鲜明的特色。在某一方面有实质性创新,充分体现学科优势和特色。

(6) 以有力保障为目标,加强制度建设与政策引导

高校应采取一系列措施,推进虚拟仿真实验教学改革和虚拟仿真实验教学项目建设的规范化和可持续发展。

学校每年从教育部中央高校改善基本办学条件经费、校内实验室建设经费中安排专项资金用于虚拟仿真实验教学中心建设,为虚拟仿真实验教学项目的开发提供稳定的资金保障。

学校通过引进、培养和合作,建设一支由专业实验教师、信息技术专家、实验技术与管理人员共同组成的高水平虚拟仿真实验教学队伍,为虚拟仿真实验项目建设可持续发展提供人才支撑。

学校建立"共建、共享、共管"的双赢、可持续校企合作模式,促进虚拟仿真实验的良性发展;制定和完善人事管理、经费使用、教学效果考核评价、开放共享等一系列管理制度,较好地调动了教师开展虚拟实验教学的积极性,为虚拟仿真实验教学持续发展提供制度和政策保障。

8.5 虚拟仿真实验教学项目的建设

实验教学是高等院校人才培养的重要组成部分。开展虚拟仿真实验教学项目建设，是推进现代信息技术与实验教学项目深度融合、拓展实验教学内容广度和深度、延伸实验教学时间和空间、提升实验教学质量和水平的重要举措。

虚拟仿真实验教学项目建设是国家级虚拟仿真实验教学中心建设的重要内容，也是高校推进虚拟仿真实验教学改革、优化实验教学资源结构、提升实验教学资源使用效益的必然要求。虚拟仿真实验教学项目与精品资源共享课、精品视频公开课相互支持和补充，已成为信息化背景下实验教学的刚性需求。

虚拟仿真实验解决的是实验教学项目“不能做”“不敢做”“不好做”的问题。有些实验对象太过宏观或微观，学生难以理解，实验室也不能提供合适的实验条件；有些实验过程太危险，学校不敢让学生进行这样的实验；有些实验仪器与材料价格昂贵，实验室无法搭建这样的实验场景。而虚拟仿真实验可以摆脱物理现实的限制，拓展实验教学的广度和深度。

虚拟仿真实验按照项目难度可以分为三个层次：一是验证型实验，也就是纯粹验证教师在课堂上讲述的理论知识；第二层是设计综合型实验，即设计若干实验步骤，由实验者动手操作，得出不同的实验结果，以此理解各步骤在整体实验中的意义；第三层是创新型实验，设计者提供若干实验模块，由学生自由组合，在实验中获得新的发现。对实验设计者来说，需要将科研成果转化、应用于实验教学，设计综合性、创新性实验课程，满足学生对科技创新实验的需要；还要与大型生产企业紧密合作，获取生产现场的真实数据资料，与工程实践紧密结合，解决学生在校内无法开展实习实践的问题。

一个好的虚拟仿真实验项目，应该具备以下四个特点：

① 应具备网络化特点，在虚拟现实技术的支持下，虚拟实验室里的虚拟实验设备仪器与实际设备仪器的功能和操作方法大致相同，用户可以通过网络，不受时间、空间的限制进行实验；

② 应具备规模化特点，受众面越广、通用性越强，虚拟仿真实验就越容易发挥优势，解决主干课程的主干实验问题；

③ 应具备交互性特点，学生能获得较好的实验体验，并进行自学习；

④ 应具备易用性特点，学生按照提示就能顺利完成实验。

8.5.1 虚拟仿真实验教学项目的建设原则

(1) 坚持立德树人

按照经济社会快速发展对人才培养的新要求，结合现代大学生成长的新特点、信息化时代教育教学的新规律，以信息化引领构建以学生为中心的全新教育生态，提升人才培养质量，促进学生全面发展。

(2) 坚持融合创新

发挥技术优势，变革传统模式，优化重构教学内容与课程体系，推动多学科知识点融合、跨专业能力融合、多学科项目实践融合、新技术与教育教学深度融合。

(3) 坚持问题导向

重点解决仿真实验项目条件不具备或实际运行困难，涉及高危或极端环境，高成本、高消耗、不可逆操作、大型综合训练等问题，提供可靠、安全和经济的实验项目。

(4) 坚持需求导向

紧密结合高校人才培养需求、专业特色和办学定位，聚焦“四新”建设，面向专业群、课程群，遵循不重复建设、资源共享的原则，科学布局，建设真正符合学生需要的虚拟仿真实验教学项目和课程群。

8.5.2 虚拟仿真实验教学项目的建设任务

(1) 构建虚拟仿真实验教学体系

深入推进虚拟仿真实验教学项目建设，充分发挥项目的示范引领作用，重点支持建设基础良好、教学成效明显的项目，建设以高水平项目引领、以专业类聚的虚拟仿真实验教学课程群，打造虚拟仿真实验教学中心，搭建虚拟仿真实验教学资源开放共享平台，构建可持续发展的高质量虚拟仿真实验教学体系。

(2) 创新虚拟仿真实验教学模式

鼓励创新虚拟仿真实验教学设计，建设满足"两性一度"标准的实验课程，打造虚拟仿真实验教学 2.0。优化虚拟仿真实验教学设计，创建综合性、设计性、研究性仿真问题情境，开展基于问题、案例的互动式、研讨式教学，倡导自主式、合作式、探究式学习，探索个性化、智能化实验教学新模式。导入由科研成果和工程实践转化的虚拟仿真实验教学内容，拓展实验教学的深度和广度。

(3) 加快现代教育技术手段应用

推动信息技术与实验教学深度融合，将虚拟仿真广泛应用作为教育教学的重要内容和人才培养的重要手段。充分利用音视频、AR(增强现实)、VR(虚拟现实)等各种媒介，创新实验教学项目资源呈现方式。遵循信息化条件下实验教学规律，按照智能实验设计理念，规范设计虚拟仿真实验教学的实验过程、算法、场景呈现、多维度实验数据记录、知识点考核等要素，提升实验教学效果。

(4) 打造专业实验教学队伍

坚持德才统一、引培并重的原则，打造师德高尚、热爱教学、知识丰富、能力过硬、结构合理的虚拟仿真实验教学团队，保障虚拟仿真实验教学项目的建设和运行。健全、完善实验教学队伍考核、奖励、监督机制，鼓励、支持教师参与虚拟仿真实验教学项目研发和教学实践。通过组建专家团队，开展虚拟仿真实验教学研究，推动虚拟仿真教学体系与教学内容的重构与创新。

(5) 持续改进实验教学评价体系

将虚拟仿真实验教学项目纳入人才培养方案，制定教学效果评价办法。鼓励高校建立有利于虚拟仿真实验教学项目开放共享的教学绩效激励机制，建立校际实验教学项目成绩互认、学分转换机制。探索学生专业实验能力培养标准体系，服务专业创新型人才的知识、能力、素质培养要求，将学生专业实验能力培养纳入专业评估（认证）等评估体系。

（6）加大教学资源开放共享力度

鼓励多所高校共建和共享实验教学资源，共同搭建具有开放性、扩展性、兼容性和前瞻性的虚拟仿真实验教学项目运行平台，丰富虚拟仿真实验教学资源，满足不同区域、不同层次、不同类型学校师生实验教学需求。注重对相关实验教学项目自有或共有知识产权的保护，加强数据安全和师生个人信息保护，建立稳定安全、开放共享的可持续运行模式。

8.6 实验室开放

为充分利用实验室的闲置资源，高校应鼓励实验室开放。实验室开放是指各类实验室在完成计划内教学、科研任务的前提下，利用现有师资、仪器设备、设施条件等，面向学生开放，为学生提供实践学习条件。

实验室开放以时间全程、空间全部、对象全体、内容自由、手段自主、方法自选作为理念，在实验室开放项目申请和大学生科研创新项目之外尝试探索多种形式的实验室开放，力争实现由教向学的开放、由练向用的开放、由验向研的开放，提高实验设备利用率，扩大实验室的受益面，发挥实验室在学生素质教育和创新能力培养中的作用。

开放实验室涵盖了学生自主学习、课内实验加强与拓展、课外科技活动、毕业设计（论文）等多项内容。实验室采用全天开放、预约开放、定时开放等不同方式向学生开放。鼓励教师申请开放性实验项目，由实验教师申请、教务处审批面向全校开放；开放性实验项目的学分可以作为专业选修课或公共选修课计入学生的学分，从而调动学生参与的积极性。

8.6.1 实验室开放原则

(1) 常规教学优先的原则

各教学单位要高度重视实验室开放工作,把实验室开放作为实验教学和管理改革的重要内容纳入日常工作之中。实验室开放必须在保质保量完成规定的实验教学任务的前提下进行,实验室开放不得影响常规实验教学活动的有序开展。

(2) 资源有效利用原则

各级实验教学示范中心、重点实验室应统筹协调,合理利用实验室闲置资源,带头开展形式多样的开放实验。各实验室要根据自身实验条件逐步面向全校本科专业学生开放,并不断增加开放时间和开放内涵,最大限度地发挥实验资源的效益。

(3) 因材施教、分类实施的原则

实验室开放应采用以学生为主体、教师加以启发和指导的实验教学模式,贯彻"因材施教、分类实施"的原则,根据不同层次学生的需求,实验室确定不同的开放内容和形式,重点培养学生的创新能力和实践能力。

8.6.2 实验室开放要求

时间的课余性:实验室对学生开放应是课余的、课外的。把课程内的实验内容移到课余时间去做,不列入实验室开放范围。

内容的提高性:实验内容必须是人才培养计划以外的,是对人才培养计划内必做实验的延续和提高,属于课程教学内容的拓展性实验,包括综合性、设计性、创新性实验等,不应与人才培养计划及实验教学大纲所规定的实验教学内容相重复。

知识的综合性:将实验室开放与综合性、设计性实验教学和大学生科技创新活动相结合,加强多学科知识点的交叉融合,强化基础,拓宽知识覆盖面,注重培养学生的知识综合运用能力。同时,要根据科技发展和实际应用,加强科学研究思维和工程意识的训练,培养学生的创新能力和动手能力。

8.6.3 实验室开放形式

自选实验课题型:实验室定期发布教学计划以外的综合性、设计性等开放性实验项目,学生根据自己的特长、爱好等选做实验,鼓励学生进行创新实验设计。

学生参与科研型:实验室定期公布科研项目中的开放研究题目,引导优秀的高年级本科学生早期进入实验室参与科研活动。

学生科技活动型:结合各种科技制作、竞赛和学生社团等活动,学生自行拟定实验课题,根据实验室的研究方向和条件,申请在相应的实验室开展实验。实验室应根据实际情况积极提供实验条件,并指派相关教师进行指导。

8.6.4 实验室开放基金

实验室开放工作在主管校长的统一领导下,由教务处协调组织,各教学单位分管领导直接负责。

学校设立实验室开放基金,主要用于自选实验课题型开放实验的指导教师津贴与耗材补贴和学生科技活动型开放实验的指导教师津贴与耗材补贴;除此之外,实验室开放基金原则上不列支其他费用。

以教学单位为单位,按开放实验内容、工作量申报实验室开放基金,教务处根据实际参加开放实验的学生人数、内容等,参照上学期开放成果进行审核,并报主管校领导审批。基金所支持的耗材费用按实验消耗定额核定。

8.6.5 实验室开放的运行管理

实验室开放基金支持的开放实验项目均需申报实验室开放。每个实验室根据自身情况设计一定数量的、切实可行的、具有创新意义的命题实验,填写“实验室开放实验项目申报表”;学生自带实验课题的,设计好具体的实验方案,每学期开学初向实验室提出申请,填写“实验室开放学生自拟实验申请表”,由实验室负责人及指导教师负责审查;项目所在教学单位组织专家对各实验室申报的开放实验项目及学生自拟的开放实验项目进行评审。评审通过后,教学单位安排好指导教师，相关实验室安排好实验时间及地点，及时对学生公布并接受学生报名。

申请参加开放实验项目的学生可到开放实验所在教学单位领取“学生开放实验申请表”，了解项目的背景和创新点，对感兴趣的项目进行申请，经学生所在教学单位签字同意后，交开放实验所在教学单位。

指导教师及其所在实验室负责人共同做好录取工作，录取结束后汇总名单，通知学生所在教学单位并填写“实验室开放计划表”报教务处备案，办理实验室开放基金审批手续。

各开放实验室应根据学生人数和实验内容做好实验准备工作。实验项目完成后，学生应向实验室提交实验报告、论文或实物等实验结果。指导教师要根据学生实验态度和实验结果等内容及时进行考核，将成绩一式三份交所在教学单位教学秘书。每学期第19教学周，各教学单位将一份成绩单交学生所在教学单位，一份报教务处并附上“实验室开放总结报告”。学生所在教学单位凭成绩单及学生填写的“开放实验申请学分表”到教务处办理学分认定手续。

所有开放的实验室应及时做好实验室开放的资料汇总、情况总结与存档工作。教务处将定期进行考核，考核结果作为学校以后对各实验室考核和审批实验室建设项目的重要依据之一；对工作成绩突出的单位及个人，学校将予以表彰。

8.6.6 开放实验的指导及有关人员职责

实验室开放实行指导教师负责制。指导教师要求责任心强，具备较高的理论水平和实验技能，具有中级以上职称（或硕士研究生以上学历），且有相应的科研经历。

实验室开放时间必须有指导教师值班。指导教师应切实做好开放实验的各项准备工作，严格安全监督和管理，加强开放过程管理，努力提高实验室开放成效。

指导教师应加强对学生实验项目设计的指导，鼓励学生参加开放实验项目，积极支持学生自拟或设计的实验，同时要注意安全，避免发生事故。

在实验进行前，指导教师应检查学生的预习情况，没有预习的不允许做实验。在实验过程中，指导教师应巡视、检查学生的操作情况，发现问题及时纠正；引导学生仔细观察、认真分析；培养学生实验素质和技能、创造性的科学思维方法以及严谨的治学态度；做好实验室安全和开放情况的记录，填写"实验室开放记录"。实验结束后，指导教师应要求学生整理仪器设备，搞好清洁卫生，同时检查仪器设备、实验工具等完好情况，填写"实验室设备使用情况登记表"，如发现有损坏，应及时报资产管理处。

指导教师负责批改学生提交的实验报告、审阅实验论文，结合学生实验情况评定开放实验成绩；对达不到要求的实验报告、论文应退回重写，必要时应要求重做实验。学期结束前将实验成绩报教学单位，教学单位汇总后报送教务处备案。

被录取参加开放实验的学生，必须按规定的时间、地点参加实验。凡无故不参加开放实验超过 2 次者，将取消参加开放实验资格。学生进入开放实验室前应阅读与实验有关的文献资料，制订好实验实施方案并做好实验的各项准备工作。学生使用大型仪器设备前应接受培训，经指导教师认定具备操作资格后方能进行实验。学生进入开放实验室实行签字制度，必须遵守实验室的各项规章制度，损坏仪器设备的必须按学校有关规定予以赔偿。学生在实验项目完成后，应向指导教师提交实验报告或论文等实验结果，不得涂改实验数据、弄虚作假。

8.6.7　有关激励措施

开放实验纳入学生实践教学环节，鼓励学生利用课余时间参加实验室开放活动。学生参加开放实验累计 16 学时计 1 学分，具体由开放实验室考核、教务处审批，可根据实验内容替代专业选修课或公共选修课学分。

学校鼓励和支持开放实验室产生创新性成果。通过学生开放实验取得突出成绩的实验项目，可申报参加相关评比或省部级以上竞赛活动。获省部级及以上奖项的，比照有关规定对指导教师予以奖励，并作为优先推荐和评选年度校优秀教学成果奖及优秀教学质量奖的条件之一。

9 实践教学质量监控与评价体系

9.1 实践教学质量监控体系

9.1.1 实践教学质量监控体系构建的原则

应急管理类高校具有自身的办学特点,其实践教学也具有不同于其他类型高校的独特之处,所以应急管理类高校构建实践教学质量监控体系必须遵循以下原则。

(1) 与人才培养目标相协调的原则

完善的实践教学管理制度是构建实践教学质量监控体系的基础和前提。实践教学管理制度是对实践教学的规范,是实践教学项目设置、内容体系安排、管理机制、管理机构、组织形式、运作模式、考查考核、检查评估等的制度性安排和规范性要求。然而,学校人才培养目标不同,制度设计也必然不同。就应急管理类高校而言,人才培养目标定位于"服务应急、面向应急"的应用型人才,实践教学重在提高学生的知识应用能力和专业技能,因此,实践教学的规章制度就是以提高学生的知识应用能力和专业技能为中心,组织教学资源、构建教学过程、安排教学环节、设计教学规范,从而使学校的实践教学管理工作真正促进应急类人才培养质量的提高。

(2) 质量标准与质量观相一致的原则

在实践教学质量保障体系中,各实践教学环节的质量标准至关重要。不同类型高校的人才培养目标不同,质量观也有所差异;质量观不同,衡量质量的具体标准也必然不同。不同高校坚持适应性质量观、特色化质量观和多元化质量观,在实践教学上必然有与之相适应的质量标准。坚持适应性质量观,要在制定实践教学质量标准时,引导实践教学开设的目的、项目、时间、操作要求等适应社会对人才培养的需求,保证学生的实践技能能满足社会需要。坚持特色化质量观,要在制定实践教学质量标准时,引导实践教学开出特色项目,突出特色技能培养,让学生掌握一手“绝活”、一门“绝招”,形成“人无我有,人有我新,人新我特,人特我优”的特色办学优势。坚持多元化质量观,就是在制定实践教学质量标准时,不搞“一刀切”的统一标准,各专业的实践技能要求不同,应有不同的质量标准;同专业不同专业方向的实践技能要求不同,也应有不同的质量标准;对同专业方向不同个性的学生也应有与之相适应的质量标准,以保证所有学生都能在不同领域、不同方面成长成才。

(3) 全程监控与分层监控相结合的原则

对于应急类管理高校而言,实践教学是整个人才培养过程的重要环节,要贯穿于人才培养的全过程,而不仅仅是理论教学的补充。因此,对实践教学质量的监控是高校教学质量监控的重要组成部分。由于实践教学本身的复杂性和表现形式的多样性,实践教学质量监控体系的构建必须既有总体设计,又要体现出层次性。从学校层面看,有对实践教学的总体要求,有对实践教学质量的全过程、全方位、全员的监控,构建出学校整体的监控框架。但是,实践教学又因专业的不同而具有不同的内容体系和组织形式,最终要落实到各个教学单位来实施,因而,对实践教学质量监控体系的构建既要有学校层面的整体设计,又要体现分层监控、分层实施,各教学单位的监控和实践教学小组的监控不仅必不可少,而且十分重要。只有实行了分层监控、分层实施,才能体现全过程监控、全方位监控和全员监控。

(4) 可操作性原则

实践教学质量监控体系构建的目的就是有效监督和控制实践教学质量,这就要求实践教学质量监控体系具有很强的可操作性。对实践教学质量的监控无疑需要一些原则性的指导意见,既要有对质量标准、操作过程的一些原则性说明,更需要一些可供检查、分析的定量标准。同时,对监控过程的设计也要考虑到可操作性原则,方案设计要具体,要求要明确,指标要数据化,方法要可实施。对实践教学质量的监控也是一项常规的工作,在构建监控体系时还要考虑到年度考核与中、长期发展目标有机结合起来,通过年度的监督检查为实现中、长期发展目标服务。

9.1.2 实践教学质量监控体系的内容

应急管理类高校实践教学质量监控体系一般由目标系统、质量管理系统、过程监控系统、信息反馈系统等四个子系统构成。

(1) 目标系统

目标系统由学校定位、人才培养目标和人才培养规格构成,是整个监控体系的出发点和终结点。实践教学要达到什么样的人才培养质量,首先取决于学校的定位。学校定位是学校根据国家、地区、行业经济建设和社会发展的需要以及自身条件和特点,对学校功能和地位所作出的角色选择,是学校自身存在价值的体现。学校选择什么样的角色,必然要求学校培养的人才具有符合这一角色的质量,换句话说,学校的定位不同,对人才培养的质量要求也就不同。应急管理类高校将人才培养目标定位于培养高级应用型人才,在学生的知识结构、能力结构和素质结构的要求上必然都有别于研究型人才,因而应围绕这一目标构建实践教学质量标准的目标体系。

实践教学质量标准的目标体系一般包括以下四个体系:

① 实验教学质量的目标体系。实验教学是大学生在校期间延续时间最长(从低年级到高年级)、涉及课程最多的实践教学环节。它是实践教学环节的基础和主线,也是培养学生创新精神和实践能力的重要渠道。实验教学质量标准的目标体系应当包括:满足人才培养目标要求的实验教学体系;实验教学计划、大纲、教材以及实验教学文件资料;实验的开出状况及综合性、设计性实验的比重;实验教学教师队伍的结构与建设;实验教学设备的总值及生均值;学生实验能力与水平等。

② 课程设计教学质量的目标体系。课程设计对大学生来说是

从学习知识到应用知识、从基本理论到初步实践应用的启蒙式教学环节，是学生扩大知识面、开发创造性思维、增强实践能力的重要手段。课程设计主要是围绕某门课的教学进行的，时间较短，涉及面不够宽，因此课程设计有别于毕业设计。课程设计教学质量的目标体系应包括：课程设计的文件资料建设，指导教师队伍的结构与建设，教学管理制度以及课程设计的质量与水平等。

③ 实习和社会实践质量的目标体系。实习和社会实践是大学生在校期间从课堂走向生产和社会实际的重要实践性环节。其目的是让学生巩固所学的理论知识，接触生产与社会实际，扩大专业知识面，具备初步运用所学知识分析和解决实际问题的能力。实习和社会实践质量的目标体系应当包括：实习和社会实践的组织、管理和考核；教学文件建设；实习指导教师队伍的结构与建设；实习和社会实践基地的建设和教学效果等。

④ 毕业设计(论文)质量的目标体系。毕业设计(论文)是大学生在校期间最后一个综合性实践教学环节。它是对大学生基础理论和专业知识掌握程度、独立分析和解决工程或社会实际问题的能力、文献检索能力、计算机及外语应用能力、实验能力和文字表达能力的一次全面考核，因而也是考查一所高校人才培养质量的重要指标。毕业设计(论文)质量的目标体系应当包括：毕业设计(论文)环节的管理制度[立题、开题、中期检查、答辩、考核、总结以及设计(论文)文本的规范要求]；毕业设计(论文)指导教师队伍的结构与建设；毕业设计(论文)的质量和评审质量等。

(2) 质量管理系统

质量管理系统的功能表现在对全校实践教学质量监控与保障系统的管理以及系统运行的具体组织与执行。该系统直接决定了质量监控与保障系统功能的发挥。质量管理系统可分为学术与行政管理两个子系统。

学术管理子系统由学校的教学工作指导委员会(或学术委员会)及各学院的教学工作指导小组(或学术委员会)组成，其成员为学校或学院聘请的有关专家。其功能主要是对实践教学的学术水平实施监督，并为行政管理系统提供信息及决策咨询。

行政管理子系统由学校有关职能部处（如教务处、设备处）、院（系）、教研室及学生班级构成。其主要功能是运用行政手段，对实践教学活动进行计划、组织、协调、监控，确保实践教学质量目标的实现。在质量管理系统中，行政管理子系统起着主导和指挥中心的作用。

(3) 过程监控系统

教学过程监控系统的基本职能是制定标准、区分优劣，并通过对目标和教学运行进行双向调节，使系统处于最优工作状态。监控系统由教学质量监控、教学运行检查、教学专项检查、教学评估四部分组成，是整个教学质量监控体系的重点。监控应当遵循教学规律，按照严格的评价程序，有计划、有组织地开展活动，及时掌握实践教学的动态信息，为管理系统对实践教学实施有效的指挥、协调、监控提供保证。科学、全面的实践教学过程监控系统应当包括对学校、院（系）、教师三级的监控：

一是学校实践教学过程的监控，主要是对学校的实践教学体系是否符合人才培养目标的要求，实践教学环节的时间安排及管理制度是否能保证实践教学的正常进行，实践教学教师队伍的结构及素质，实践教学软硬件条件的状况，实践教学的改革与研究，实践教学的质量状况等进行监控。

二是院（系）实践教学过程的监控，监控重点是各实践教学环节的文件（教学大纲、指导书、计划书）及有关的辅助材料、管理制度和考核办法，反映教学效果的实验报告、实习报告、课程设计和毕业设计（论文）等文本资料。

三是指导教师实践教学过程的监控，主要监控教师实践教学前的准备，以及教学指导与教学管理的能力和教学效果。

(4) 信息反馈系统

实践教学质量的信息反馈系统具有信息收集、信息处理和信息传递的功能;同时还具有将信息回输给实践教学管理部门和实践教学运行的责任者的功能。

信息反馈系统的信息主要有三个来源:一是通过组织对实践教学的全面评价,收集实践教学运行的动态信息和成果的数量、质量等静态信息;二是通过对实践教学环节的专项调研,收集学生经过实践教学后的能力结构和知识结构的状况;三是通过定期与不定期的问卷调查或座谈会,收集实践教学信息员、广大教师、学生对实践教学的意见和建议。实践教学的信息经过整理、归类、分析后,有关信息要及时送给管理部门和有关责任者,为实践教学的决策和从事实践教学的教师进一步提高教学质量提供有力的依据。

9.1.3　实践教学质量监控体系的实施

(1) 制定和实施实践教学环节质量标准

根据应用型高校学校定位和人才培养目标,制定完善、合理、体现学校水平和地位的实践教学各主要环节的质量标准,并严格执行。

① 实验教学质量标准。包括实验教学大纲,实验教学指导书,综合性、设计性实验认定办法,实验课程教学,实验室开放等环节的规范与质量标准。实验教学大纲是指导实验教学工作的纲领性文件,是实验课开设的基本依据,其主要内容包括实验目的、实验项目的设置、实验内容和要求、实验类型、实验器材、实验方法与手段、实验课时、考核办法和评价标准等。学校各教学单位必须根据教学计划、课程要求、教学改革的发展趋势和学科专业人才培养目标的要求制定实验教学大纲,各实验室的实验教学工作必须按照教学大纲进行。实验教学指导书是实验教学大纲的具体化,是对实验内容的详细指导,主要内容包括实验目的、完成实验须知的基础理论、实验要求与条件、实验所需的仪器设备介绍(结构原理和使用方法等)、实验方法和步骤提示、实验数据处理方法、实验报告格式规范等。综合性、设计性实验认定办法是对综合性、设计性实验的具体要求和规定,是对综合性、设计性实验提出的认定标准。

② 实习、实训教学质量标准。实习、实训是实践教学的重要环

节，同样要制定相关的质量标准。首先，要制定实习、实训大纲。实习、实训大纲是实习、实训的重要依据，是从事实习、实训师生都要遵循的纲领性文件，主要内容有实习、实训的目的、内容、组织形式、方法和途径、程序和时间安排、教学组织、教学纪律、教学成绩评定标准以及经费预算等。其次，要完善实习、实训执行计划。不同的专业、年级，其实习、实训的目的、要求不同，具体的实施计划也有所不同，因此针对每一届学生都要拟订具体的实习、实训执行计划，以保证实习、实训的顺利进行。实习、实训计划的具体内容包括实习、实训的任务要求，实习、实训的单位、时间与地点、参加人数、学生分组名单、日程安排、指导教师名单、经费预算和考核方式等。再次，要制定实习、实训教师职责和学生守则，对教师和学生提出具体而明确的要求。最后，要制定实习、实训成绩考核标准，对考核内容作出明确规定。一般而言，考核内容应包括三个方面：一是思想品德、实习态度、实习纪律，即实习表现；二是基本理论运用、基本技能、动手能力，即实践技能；三是实习报告质量。

③ 毕业设计（论文）质量标准。毕业设计（论文）是本科教学的重要环节之一，必须对其进行有效监控。首先，要制定毕业设计（论文）工作的管理规定，内容包括撰写毕业设计（论文）的目的和基本要求、毕业设计（论文）指导教师的条件和职责、撰写毕业设计（论文）的程序、毕业设计（论文）的答辩程序和成绩评定、毕业设计（论文）的奖惩、毕业设计（论文）的文档管理等。其次，要制定《毕业设计（论文）质量与教学管理评估实施办法》，设立若干指标体系，对毕业设计（论文）工作进行全方位的评估。再次，还要完善《优秀毕业设计（论文）评选办法》《毕业设计（论文）工作检查细则》《毕业设计（论文）撰写规范》《毕业设计（论文）评分标准》等。这一系列管理规定和质量标准应明确从毕业设计（论文）指导教师资格审核，到选题、开题、过程指导、中期检查、评阅、答辩、成绩评定、优秀论文评选等主要环节的规范与质量要求。

④ 学生实践能力的评价标准。教育评价标准是教与学的指挥

棒，要使学生从主观上重视实践教学过程，努力提高自己的实践能力，就必须从评价标准的改革入手。一方面，要改革考试制度，鼓励在考试中体现学生的创新能力、实践能力；另一方面，要根据学生实践能力的评价要素，完善对实践活动的评价机制，将目前通过考核单项实践活动评价学生实践能力的评价方式，转变为对学生实践能力的综合评价。学生实践能力的综合评价标准，一是要考查学生参与实践活动的程度，即主要从数量上考查学生参与实践活动的次数和时间。一般来说，参与程度高的学生的实践能力比参与程度低的学生强。二是要考查学生参与实践活动的类别。不同的实践活动侧重培养的实践能力有所不同，通过对学生参与实践活动类别的综合分析，可以大致预测学生不同方面实践能力的强弱。三是要考查学生参与实践活动取得成果（主要是调研报告、实验报告、科技论文等实践活动结果）的质量，这是反映学生实践能力的最主要依据。四是要考查学生毕业以后的工作或学习表现。由于实践活动的效果不一定会立竿见影，那些在本科学习阶段参与实践活动多的学生，往往在工作中或研究生阶段的学习中会表现出很强的实践能力。

(2) 严格执行实践教学环节质量标准

有了完善的质量标准，还需要在实践教学过程中严格执行这些质量标准。为了确保实践教学各主要环节质量标准的严格执行，学校首先要做的是加强对规章制度的宣传和学习，使实践教学教师了解和掌握质量标准。应用型高校实践教学环节多，相应的，实践教学环节的质量标准也多，且很多质量标准都有一个制定和完善的过程。在这个过程中，学校教学管理部门要特别重视对实践教学的各项管理规定、质量标准的宣传，组织实践教学教师学习，为这些规定和标准在实践教学中贯彻实施奠定基础。当然，在制定这些规定和标准的过程中广大教师应当积极参与讨论、提供意见，这样不仅使这些规定和标准更加符合学校实际，而且广大教师会将外在的约束变成自觉的行动，从而减少规章制度和质量标准执行的阻力。

另外，应用型高校还要通过一系列的措施和手段，将例行检查和专项检查相结合,有效监控实践教学各主要环节质量标准的执行情况。比如,现场检查实践教学,对实习工作进行全方位评估,全程监控毕业论文(设计)工作,对发现的问题及时通报、处理等。同时,采取领导听课、督导听课、专项检查等一系列方式,及时掌握实践教学运行情况,下达反馈信息和整改意见,进行有效调控。

(3) 保证实践教学质量监控体系的有效运行

实践教学质量监控是一项系统工程,既要构建完善的质量监控体系,又要采取有效措施保证监控效果。实践教学质量监控体系的有效运行需要全校上下协同合作。

① 建立健全校、院(系)两级实践教学质量监控保障体系。学校负责制定实践教学各主要环节的质量标准并进行宏观调控,院系落实质量标准并按质量标准的要求监控实践教学的运行。目前,最难于监控的是实验教学和实习、实训。学校教学管理部门不仅要完善相关的管理制度和质量标准,更要采取有效措施督促检查管理制度和质量标准的落实情况。如对实验教学质量的监控,实行学校领导、管理部门、院系领导、同行和学生评教相结合的监控体系。学校要对校领导和院系领导深入课堂包括实验室听课作出明确、具体的规定,要开展一定次数的集体听课活动,听课之后认真评议,将结果反馈给教师本人以改进教学。学校对校领导和院系领导检查教学实习、实训也要作出规定,使对实习、实训的检查常规化、规范化。

② 充分发挥教学督导组和学生信息员在实践教学质量监控体系中的作用。扩大学校教学督导组的工作职责,实现教学督导组对学校整个教学工作全领域的督导覆盖。目前,大多数学校的教学督导员主要是督导课堂教学,对实践教学没有督导或者没有做到督导常规化。对于培养应用型人才的应用型本科院校而言,教学督导工作既要督导课堂教学,更要将督导实践教学放在重要位置。教学督导组要深入实验室、实践基地、实习工厂等实验、实习、实训场所对实践教学进行全程督导,发挥教学督导员在实践教学质量监控体系中的重要作用。同时,学校还要发挥学生信息员的作用。学生信息员

在实践教学质量监控体系中可以发挥重要作用,但目前许多学校也是将学生信息员的作用仅仅局限在课堂教学上。与教学督导员相比,学生信息员由于直接参与实践教学,因而更能发挥对实践教学质量的实时监控作用。

③ 开展学生对实践教学的评价活动,重视对学生评教结果的运用。目前,很多学校的学生评教都是在网上进行的,评教的对象主要是理论教学,学生评教的积极性不高,学校对学生评教的结果也没有很好地运用。这种状况应当改变,首先,将学生评教范围由课堂理论教学拓展到实践教学,将实践教学的教师作为重要的评教对象,这将有利于对实践课教师的教学进行监督和考评,有利于调动实践课教师的积极性,提高实践教学质量。其次,制定实践教学的评价指标体系,指标体系的制定要符合实践教学的特点和实际,不能简单套用理论教学的评价指标。再次,要采取切实可行的措施提高学生对实践教学评价的积极性,要使学生明白自己的评教对学校和教师改进教学方式方法、提高教学质量具有十分重要的意义。最后,还要科学、合理地使用学生对实践教学的评价结果,这不仅能促进学校和教师改进实践教学,也能调动和保护学生评教的积极性。

④ 建立实践教学的评估机制。以质量标准为依据,制定科学的实践教学质量评价指标体系,对实践教学开展专项评估。实践教学质量评价指标体系是一个庞大、综合的系统,按评价对象可分为三个层次:第一层次是以学校为对象的评估,即对学校的办学定位、实践教学条件、实践教学队伍、实践教学管理以及管理制度等方面进行宏观评价,是从整体上评价学校的实践教学质量与水平;第二层次是以院系为对象的评估,评估的重点是院系实践教学的过程性目标和阶段性建设目标的实现程度;第三层次是以实践教学各个具体环节为对象的教学质量评估,这是评价实践教学质量的基础性工作,也是衡量实践教学质量的最重要依据。实践教学环节是一个动态的系统,是由教师、学生以及管理三个方面通过实践教学活动联系在一起的完整系统。因此,实践教学质量评价应侧重于动态过程的评价,从教

学的基本规律出发，用制定的相应质量标准评价实践教学过程，既要考察实践教学的规范性文件，更要重视考查教师带领学生的过程是否规范、学生的操作本身是否规范。由于实验、实习、实训形式多样，对实践教学的评估形式也应灵活多样。

⑤ 落实对实践教学的激励机制。评价是保障体系运行的核心和动力，要使得评价工作能持久、健康、有效地坚持下去，建立相应的激励机制、自我约束机制至关重要。学校通过制定激励政策，奖优罚劣，使评价与被评价者的晋升、晋级、奖励挂钩，激发其参与评价的愿望，变被动为主动。对在实践教学工作中教学态度认真、教学质量优秀的教师，要像对待理论课教师一样进行表彰奖励。同时，对学生评教得分低、教学态度不负责的教师，取消其实践教学教师资格；对在实践教学过程中出现教学事故的教师，要严格按照教学事故处理办法予以处理。此外，每次实践教学专项评估都应有详尽的评价意见，既要肯定成绩，又要严肃、实事求是地指出存在的问题，提出今后的努力方向，以增强被评价者主动提高实践教学质量的自觉性和积极性。

9.2 实践教学质量评价体系

9.2.1 实践教学质量评价原则

实践教学是培养应用型人才的重要途径，建立科学、完整的实践教学质量评价体系对于促进实践教学改革、提高实践教学质量具有重要的意义。实践教学不同于理论教学，不同学科、不同类型的实践教学各有其特点。因此，各高校有必要构建适合自己特色的实践教学质量评价体系。在构建实践教学质量评价体系时，应遵循以下原则。

（1）有利于提高实践教学质量原则

实践教学与理论教学一样，需要完整的教学计划、教学大纲、教学督导、教学考核和反馈机制，以保证实践教学质量，体现实践教学的规范性。所以，实践教学质量评价体系构建必须围绕实践教学的全过程，将实践教学的“准备、实施、评价”置于评价体系的范围内，以保证实践教学质量的不断提高，并体现实践教学的特点。

（2）有利于推进实践教学改革原则

实践教学改革的措施和成果需要评估，改革成果需要给予肯定，存在问题则需要改进。建立合理、有效的实践教学质量评价体系，可以科学评价实践教学质量，提高实践教学水平，促进实践教学改革的深入发展。

（3）有利于促进实践教学科学管理原则

通过实践教学质量评价体系的构建，可以更准确地把握实践教学的基本情况，获取改进实践教学的具体信息。要通过实践教学质量评价，采取相应措施，将实践教学的目标管理和过程监控有机结合起来，优化实践教学管理，提高实践教学的诊断、调控、引导和激励效果，充分调动教与学的积极性和创造性。

（4）有利于把激励机制引入实践教学原则

开展实践教学质量评价，必然会体现教师教学效果与教学单位管理水平的差距。引入竞争激励机制，促进实践教学教师之间的相互学习与交流，有效调动教师参与实践教学的积极性，多角度检验教师的履职程度，对教学质量不高的教师具有鞭策和促进作用，从而达到提高实践教学质量的目的。

9.2.2 实践教学质量评价体系的构建

实践教学质量评价体系的构建应以应用型人才培养目标为指导，遵循教育教学的基本规律，突出高等教育的基本特征，以提高实践教学质量为目标。在制定评价体系时，从应用型人才培养的定位以及实践教学体系出发，构建“评价主体、评价对象、评价指标、评价模式”一体化评价的“四位一体”实践教学质量评价体系，建立起全方位、多角度、多渠道的多元化评价方法。学生、督导、同行和社会是评价的主体，以丰富教学内容载体、改进教学管理手段、改善教学条件和优化教学效果为出发点，以提高学生的通识能力、专业能力、创新创业能力、职业发展能力为落脚点，构建实践教学质量评价体系。

（1）实践教学目标评价

实践教学目标评价主要以贯彻落实国家、省级有关实践育人文件精神为引领，着重培养学生的通识能力、专业能力、创新创业能力和职业发展能力，全面提高学生的综合能力。

（2）实践教学内容评价

实践教学内容评价是实践教学质量评价体系构建的核心，应按照实践教学各环节的特点分类构建。实践教学内容模块通常包括素质拓展模块、实验教学模块、实习（实训）模块、毕业设计（论文）模块、科研创新模块等五类，各模块对应的教学准备、教学方法、教学手段、教学内容是有差异的，对各模块的评价不仅要关注学习成绩结果，更要关注实践过程。学校要根据实践环节的特点分别制定相应的实践过程评价标准，对照标准开展实践教学过程评价，并将实践教学过程评价贯穿于课程教学的全过程。

（3）实践教学管理评价

实践教学管理评价机制的构建要考虑实践教学的特殊性，形成从实践教学计划制订到实施、监督和评价再到持续改进的闭环管理。在制订人才培养方案的同时，确定实践教学课程体系；再根据实践教学课程体系，建立实践教学课程，组织实践教学内容，通过实验和实训场所开展实践教学。在教学过程中，及时开展学生、同行、督导专家的评价。在教学结束后，及时组织教师和学生进行课程调查，形成课程调查报告。同时，改变传统的实践教学评价方法和评价模式，促进虚拟仿真等技术手段的运用，促进信息技术与实践教学有机融合，提高实践教学评价的科学性、及时性、准确性和完整性。

（4）实践教学条件评价

实践教学条件作为应用型高校人才培养的基础，是实践教学工作有序开展的重要保证。构建实践教学条件评价体系应以应用型人才培养需求为基础，秉承多方共赢、权责利分明的原则，充分调动众多主体共建共享的积极性。将实践教学与应用型人才培养目标达成度、实践教学完备性、资源利用率、资源共享率等作为条件体系的依据;将实践教学环节的目标、内容、方式、质量以及评估等作为完备性评价指标;将校内外同类专业之间的实验设备、实验设施、实验场所以及多专业、企业群之间的实践基地及其场地、人员和教学内容等方面的有效利用率作为校内外实践教学资源利用率评价指标;将校内外不同专业师资、校外实践基地、联合攻关项目等实践教学资源共建共享程度作为校内外实践教学资源共享率评价指标。

(5) 实践教学效果评价

从应用型人才培养需求出发,实践教学效果应按教师师德师风、学生学风考风、教学改革研究等要素构建评价指标。教师师德师风是高校立德树人办学立身之本,实践教学效果评价要将教师师德师风评价作为首要的评价标准,针对教师在教学过程中的职业道德等方面开展评价。学生学风考风是高校落实立德树人的重要抓手,在开展实践教学效果评价的过程中,学生学风考风要作为评价的重要依据。教学改革研究是适应实践教学发展时代规律、提升实践教学质量的重要手段,将实践教学改革研究情况列入实践教学效果评价指标有利于推进实践教学改革。

(6) 实践教学评价机制

建立和完善实践教学评价机制是有效进行实践教学质量评价的重要保障,主要包括评价主体、评价指标、评价模式等方面。评价主体不仅包括学生评价,还包括督导、同行和社会评价;评价指标包括实践教学评价指标设置和评价标准构建;评价模式包括实践教学评价手段和评价方法。

9.3 开展毕业实习评价,提高实践教学质量

毕业实习是应用型高校的重要实践环节,是大学生将理论知识综合运用于实践的过程。通过毕业实习,提高学生的动手能力和综

合素质，丰富学生的社会经验，为以后走上工作岗位奠定基础。加强毕业实习管理，提高实践教学质量显得尤为重要。

为加强毕业实习过程监控，全面了解学校毕业实习情况，提高毕业实习质量，笔者所在高校每年度第二学期开展毕业实习专项检查工作。毕业实习检查规模大、覆盖面广、涉及全校所有本科专业，由校督导、各教学单位督导和专家组成的检查组分别对所有教学单位的全部专业进行全方位、全过程的检查。

检查组根据各教学单位的毕业实习计划安排，将检查内容分三个部分:实习过程检查、学生座谈会和实习效果检查。

(1) 实习过程检查

检查组通过实习现场检查、电话和微信督查等方式，主要从实习基地的条件、实习指导教师的指导、实习主要内容、实习与毕业设计(论文)的结合程度等方面，对部分集中实习和分散实习学生进行抽查，全面掌握实习过程和实习效果。对抽查的部分专业实习单位进行现场检查，在现场了解各单位的实习安排情况，对不方便现场检查的部分实习学生进行电话督查。同时，检查组在人才培养要求、专业培养模式、专业课程设置、实践教学等方面与实习单位进行了深入的交流与探讨，为进一步校企合作打下良好基础。

(2) 学生座谈会

学生座谈会是检查组随机抽查实习结束后的学生，组织召开座谈会，从实习计划安排、实习指导教师指导、实习与毕业设计(论文)的结合、实习的建议等几个方面全面了解实习情况。

毕业实习学生座谈会围绕询情况、谈收获、提建议等方面展开座谈。座谈会上，学生可以踊跃发言，结合自身实习情况和感受，畅谈参加毕业实习的收获和感想以及自身存在的差距和不足，如专业知识掌握得不够全面和深入，实践创新能力、组织管理能力和担当意识还有欠缺等。

(3) 实习效果检查

实习效果检查是检查组到教学单位检查各专业的毕业实习材

料，重点查看指导教师的实习日志是否内容完备、与实习计划是否一致，对学生的实习报告是否批改规范，评语是否针对性强，成绩评定是否合理，实习总结是否翔实、完整等。检查组根据实习条件、实习实施过程、实习成果等主要内容，对教学单位的毕业实习进行总体评价。

除上述外，毕业实习检查还有实习单位和学生对毕业实习的评价。实习单位从学生实习基本情况、实习内容、实习效果等几个方面对参与毕业实习的学生进行评价。学生从实习单位情况、实习准备工作、实习内容、实习指导、实习效果等几个方面对毕业实习进行评价，以保证实习评价的全面性。

10 高校实践教学安全管理

实践教学作为本科教育的重要环节，是全面培养学生动手能力、提高综合素质的重要途径。随着各高等学校对实践教学的重视，大学生在实验室等实践场所学习锻炼的时间大大增加，随之而来的实践安全问题也逐渐突出，实践安全事故频有发生。因此，高校必须加强学生实践安全教育与防范，让学生具备足够的安全意识和自我保护能力。本章就实验教学中易出现的安全问题及存在隐患进行分析，并提出相应的防范措施和建议，以保证实践教学安全有序进行。

10.1 实践教学安全管理的现状

实验室是学校开展实验教学的主要阵地，是支撑科学研究工作的重要场所，覆盖学科范围广，参与学生人数多，实验教学任务量大，仪器设备和材料种类多，潜在安全隐患与风险复杂。虽然目前各高校都能认识到学生实验安全的重要性，而且学生实验大部分在校内实验室进行，但是学校实验室还是存在各种安全隐患，实验室安全问题不容乐观。

(1) 实验室安全职责不清，安全管理体制不健全

目前有的高校实验室安全管理体制不健全，实验室安全工作由教务处、保卫处、资产管理处等多个部门管理，造成职责划分不清、职能交叉、多头管理的现象比较突出，各部门安全责任不明确、安全管理制度不完善、没有专职实验室安全管理人员等直接导致实验室安全检查执行不力、落实不到位，实验室的安全整改很难落到实处，不利于实验室安全运行。

(2) 实验室基础设施不完善，实验用房紧张

有的高校因为历史原因，房屋规划设计无法满足新形势下实验室使用要求。《高等学校实验室安全检查项目表》中要求：实验室水、电、气管线布局合理，禁止多个接线板串接供电，接线板不宜直接置于地面；易燃易爆气体等特殊实验室的电气线路和用电装置应按相关规定使用防爆电气线路和装置；有需要的实验场所配备符合要求的通风系统等。而部分高校实验室的水、电等管线设施不规范、布局不合理，缺乏备用电源等应急保障系统；有的实验室没有完备的通风系统，造成实验室操作时满楼道的化学品异味，影响师生的身体健康；易燃易爆气体等特殊实验室也没有使用防爆电气线路和装置作为防护。

实验室安全要求：有毒有害实验区与学生区明确分开，实验室人均面积符合规定要求，其中理工农医类不小于 2.5 m^2/人，社科类不小于 1.5 m^2/人。由于实验室用房紧张，导致有的实验室仪器设备堆积；有的实验室仪器设备的安全操作距离不够，学生实验时比较拥挤；一些需要分开存放的物品如化学试剂等，不能做到完全分开存放，存在安全隐患。

(3) 实验室安全重视程度不够，安全文化氛围不浓厚

各相关部门对实验室安全的重视程度不够，实验室安全教育培训、宣传不到位，师生安全意识淡薄。

一是培训重视程度不够，专业技术人员匮乏。《高等学校实验室安全检查项目表》中要求：各级主管实验室安全的负责人到岗一年内参与了实验室安全培训，有培训证书；每年开展全校教工和学生安全教育培训活动；建立实验室安全准入制度；起重类设备操作人员须取得《特种设备作业人员证》，持证上岗，并每 4 年复审一次；对于高温、高压、高速运动、电磁辐射等特殊设备，对使用者有培训要求；做危险性实验(如高温、高压、高速运转等)时必须有两人在场。而目前部分学校特殊工种人员缺乏，专业技术人员缺少持证上岗的证书；没有针对各级主管实验室安全的负责人的安全培训，还没有开展全校教工

和学生安全教育培训活动,对新上岗人员和初次参加实验的学生的安全教育和培训不够,还没有建立实验室安全准入制度。

二是安全文化氛围营造欠缺,实验室安全没有深入人心。实验室安全文化的氛围营造有所欠缺,学校和教学单位安全文化宣传形式比较单一,实验室安全教育流于形式,实验室安全没有真正深入人心,学生的实验室安全知识处于被动接受状态,安全观念的培养和梳理缺乏有效途径。《高等学校实验室安全检查项目表》中要求:学校、院系网页设立专门的板块开展安全宣传、经验交流等,通过各种信息/媒体平台对师生进行安全知识传输和温馨提醒。目前部分高校在安全文化氛围营造方面还没有完全展开。

(4) 实验室关键部位细节管理不够,安全制度不够完善

一是因各种条件所限,关键部位细节管理不到位。危险化学品的管理、化学废弃物的处理、应急防护措施等是高校实验室安全的重点监控对象,但因为各种条件制约,这部分的细节管理还不够。根据《危险化学品安全管理条例》规定:危险化学品专用仓库应当符合有关安全、防火规定,并根据物品的种类、性质,设置相应的通风、防爆、泄压、防火、防雷、报警、灭火、防晒、调温、消除静电、防护围堤等安全设施;化学性质或防护、灭火方法相互抵触的危险化学品,不得在同一仓库或同一储存室内存放。目前有的高校还不能满足这些要求。

二是管理制度过于陈旧,更新完善不及时。有的高校的实验室相关制度制定时间比较早,没有与时俱进,已经不能很好地满足实验室安全的需要;实验室安全检查制度、实验室安全教育与实验室准入制度、实验室分类分级管理制度、实验室突发事件应急预案等制度不健全,使实验室安全管理无章可循、无据可依、管理被动。

(5) 实验室安全缺少信息化管理,不能实现资源共享

随着教育信息化的不断深入发展,计算机网络和信息技术在实验室管理中的应用日趋完善。《高等学校实验室安全检查项目表》中要求:学校应建有实验室安全信息化管理系统并有效运行;建立实验室安全知识考试系统,每年组织新教工、本科生和研究生新生学习与

考试。目前有的高校还没有实验室安全信息化管理系统，无法对实验室安全进行智能化管理，不能通过系统监控每个实验室的状况并及时发现安全隐患。

10.2 实践教学中的安全隐患

10.2.1 实践教学中人的不安全因素

(1) 学生安全意识薄弱

当前，部分大学生的自律能力弱、安全意识薄弱及行为规范较差，做实验时常常忽视教师强调的安全操作规程，从而埋下各种安全隐患。比如：实验时，学生常存在不按要求穿戴、串岗、聊天、不按规程操作、甚至违反操作规程等安全问题。这些安全问题一旦转化为安全事故，后果极为严重。

(2) 教师疏于管理

近年来，随着高校办学规模的扩大，大学生人数逐年增多，学校普遍存在实践教师不足的情况，一位实验指导教师负责指导的学生人数有时可达 20～30 人，很难顾及每一位学生的操作是否规范；同时，个别实验指导教师在实验中安全责任意识不强，没有严格要求学生遵守安全规程，对实验中存在的安全问题没有提醒学生注意，从而导致实验安全问题时常发生。

10.2.2 实践教学中安全隐患诊断

(1) 化学药品及试剂安全隐患

化学、药物分析、药物化学及药剂学等实验室，实验时使用的化学试剂较多，常用到易燃试剂甲醇、乙醇、乙醚、丙酮等，易燃药品硫黄、五硫化二磷等，酸性腐蚀性药品盐酸、硫酸、硝酸等，碱性腐蚀性药品氢氧化钠、氨水等，毒害药品三氯甲烷、四氯化碳等，遇湿易燃药品单质钾、钠等，强氧化剂高锰酸钾、重铬酸钾等。对于这些化学药品、试剂，如果在实验过程中违反操作规程、使用不当及贮藏管理不当，很容易引发灼伤皮肤、燃烧、爆炸、中毒等安全事故。

(2) 仪器设备安全隐患

实验时常用到一些仪器设备，检测仪器如高效液相色谱仪、分光光度计等，机械设备如粉碎机、压片机、颗粒机等，高温、高压设备如热压灭菌器等，高温设备如烘干箱等。这些仪器设备经过长期使用，出现磨损、老化，同时又缺少必要的保养和检修，或者在实验过程中操作不当，容易造成仪器设备损坏及引发触电、损伤、烧灼、烫伤等安全事故。

10.3 保障实践教学安全的有效措施

高等学校各级主管部门要高度重视实践教学安全工作，切实担负起安全责任，加强组织领导，完善规章制度，定期开展专项督查，建立起一套实践教学安全管理运行机制，确保广大师生的实验安全。

根据《教育部办公厅关于加强高校教学实验室安全工作的通知》(教高厅〔2017〕2 号)要求，学校应该高度重视实验室安全工作，增强红线意识和底线思维，齐抓共管，夯实实验教学安全的基础。本着"谁使用、谁负责，谁主管、谁负责"的原则，学校逐级分层落实责任制，健全实验教学安全责任体系；坚持精细化原则，科学分析不同专业门类实验室、不同岗位、不同人员的安全风险因素和行为，推动科学管理、规范管理和高效管理，实现对实践教学安全的全过程、全要素、全方位的管理和控制；按照"全员、全程、全面"的要求，创新安全宣传教育形式；定期进行实践教学安全检查，加强对实验室所有危险化学品、辐射、生物、机械、特种设备等实验设施设备和用品等重大危险源的规范管理；制定实验室安全应急预案，全力保障实验安全。

(1) 深化认识，增强实践教学安全红线意识

高校实践教学覆盖学科范围广，参与学生人数多，实验教学任务量大，仪器设备和材料种类多，潜在安全隐患与风险复杂。高校实践教学安全工作直接关系广大师生的生命财产安全，关系学校和社会的安全稳定。

加强高校实践教学安全工作,必须坚持以人为本、安全第一、预防为主、综合治理的方针,切实增强红线意识和底线思维。高校要根据实际情况和实践教学安全工作的复杂性,始终坚持把国家法律、法规、规章和国家强制性标准作为高校实践教学安全工作的底线,不折不扣予以执行。

(2) 强化担当,健全实践教学安全责任体系

高校是实践教学安全责任的主体,要严格按照"党政同责,一岗双责,齐抓共管,失职追责"和"管行业必须管安全、管业务必须管安全"的要求,在学校统一领导下,构建由学校、二级单位、实践教师组成的三级联动实践教学安全管理责任体系。

高校应根据"谁使用、谁负责,谁主管、谁负责"的原则,逐级分层落实责任制。高校党政主要负责人是学校安全工作第一责任人。分管学校实践教学工作的校领导协助第一责任人负责实践教学安全工作,是实践教学安全工作的重要领导责任人。其他校领导在分管工作范围内对实践教学安全工作负有监督、检查、指导和管理职责。学校二级单位党政负责人是本单位实践教学安全工作的主要领导责任人。实践教学指导教师负责学生实践教学的日常安全管理。

(3) 细化管理,完善实践教学安全运行机制

高校实践教学安全工作要坚持精细化原则,系统总结实践教学安全工作的经验教训,科学分析不同专业门类实践场所、不同岗位、不同人员的安全风险因素和行为,推动科学管理、规范管理和高效管理,实现对实践教学安全的全过程、全要素、全方位管理和控制。

高校要根据学校基础条件和实践场所的专业门类特性,不断完善实践场所全生命周期安全运行机制。对新建实验室,应把安全风险评估与审核作为建设立项的必要条件。对改建、扩建实验室,应根据相应法律、法规对建设方案进行评估。实践项目要进行事前安全风险评估,明确标识安全隐患和应对措施。对实践教学过程中需要

使用的物品，建立采购、运输、存储、使用、处置等全流程安全监控制度。要建立实践场所安全定期评估制度，及时发现问题，切实消除隐患。要树立“隐患就是事故”的观念，依法依规建立实验室安全事故隐患排查、登记、报告、整改等制度，实行闭环管理，确保整改责任、资金、措施、时限和预案“五落实”。要建立实验用危险废弃物处置备案制度，协调有资质的企业对危险废弃物及时进行处置。

(4) 创新举措，推进实验教学安全宣传教育

开展系统的安全宣传教育是做好实践教学安全工作的重要基础。安全宣传教育要以中央领导同志关于安全生产系列重要指示精神为指引，按照“全员、全程、全面”的要求，系统学习相关法律、规规、章和标准中涉及实践教学安全的具体内容，通过案例式教学、规范性培训和定期的检查考核等方式，不断提高广大师生的安全意识和对安全风险的科学认知水平。

高校要根据师生特点，积极创新安全宣传教育形式。在传统课堂教学、讲座等形式的基础上，积极利用传统媒体和新媒体等多种宣传阵地刊播实践教学安全宣传教育内容。要依托实验室定期开放日，积极宣讲实验室安全常识。要充分利用实验室的有效空间营造安全文化氛围。

高校要建立实验室的安全准入制度，进入实验室的师生必须经过安全技能和操作规范培训，未经相关安全教育并取得合格成绩者不得进入实验室。鼓励高校开设有学分的安全教育课程。要把安全宣传教育作为日常安全检查的必查内容，对安全责任事故一律倒查安全教育培训责任。

(5) 突出重点，开展实验教学安全专项检查

高校要加强对实验室所有危险化学品、辐射、生物、机械、特种设备等实验设施、设备与用品等重大危险源的规范管理。对重大危险源涉及的采购、运输、储存、使用和处置等环节安全风险进行重点摸排和全过程管控，建立重大危险源安全风险分布档案和相应数据库。

高校要对实验室重大危险源开展专项定期检查，核查安全制度

及责任制落实情况，安全宣传教育情况，分布档案和数据库情况，规范使用和处置情况，检测及应急处置装置情况，安全隐患及其整改成效等。鼓励有条件的高校，试点建立施行重大危险源分级分类管理制度。

(6) 多方联动，提高实验室安全应急能力

加强实验室安全应急能力建设是重要的基础性工作。高校实验室安全应急工作涉及预案管理、应急演练、指挥协调、遇险处理、事故救援、整改督查等工作。

高校要统筹制订实践场所安全应急预案，根据实践项目变化加强动态修订。要建立并落实实践场所安全应急预案逐级报备制度，加强自上而下的各部门应急预案的衔接。要完善实践场所安全应急组织架构，按照“精干、合成、高效”的要求调整、理顺相关部门职能，确保功能完备、人员到位、装备齐全、响应及时。要建立健全应急演练制度并定期开展应急演练，对实验室专职管理人员至少每学年进行一次相关安全知识和应急能力培训，不断提高各层级、各部门、各单位相关人员的应急意识，不断提高现场救援时效和实战处置能力。要切实做好应急人员、物资和经费的保障工作，完善实践教学安全急救设施和个人防护器材配备，确保突发事件预防、现场控制等工作的及时开展。实践教学发生事故时，要按照相关规定启动应急预案，妥善开展应急处置，做好信息及时报送，全力保障师生生命财产安全，防止事态扩大和蔓延。

(7) 齐抓共管，夯实实践教学安全工作基础

高校要把实践教学安全工作纳入学校安全整体工作之中，做到安全工作与业务工作同规划、同部署、同落实、同检查。要进一步加强组织领导，将加强实践教学安全工作作为高校全面履行安全管理工作职能的一项重要任务，以遏制重特大事故为重点，着力消除监管死角和盲区。要创新安全监管方式方法，着力构建安全风险分级管控和隐患排查双重预防机制。要建立学校实验室安全工作年度报告制度。要加强安全队伍建设，不断提高人员安全素质和能力。要保

证实验室安全经费投入，加强安全物资保障，确保必要的安全防范设施和装备齐全有效。要不断提高实验室安全工作的信息化水平，建设全校统一的实践教学安全管理信息化系统，及时登记、记录全流向、闭环化的危险源信息数据，实现安全信息汇总、分析、发布、监督、追踪等综合有效管理，基本实现实践教学安全工作全生命周期信息化管理和信息共享，促进信息技术与安全工作的深度融合。

10.4 实践教学安全管理制度具体内容

为加强高校学生实践教学安全管理工作，防止和减少学生实践教学活动中安全事故的发生，保障师生的人身和财产安全，保证实践教学工作安全、有序、顺利进行，根据《中华人民共和国教育法》《中华人民共和国劳动法》《中华人民共和国高等教育法》《中华人民共和国职业教育法》《学生伤害事故处理办法》等法律、法规、规章，结合实际，制定实践教学安全管理制度。

这里所称的实践教学是指高等学校按照专业人才培养目标和教学计划，组织学生在校内或校外开展的各项实习、实训活动，包括实验实训、课程实习、生产实习、毕业实习、社会实践等活动，不包括学生勤工俭学以及毕业生就业见习等活动。学生在校外实习、实训期间，学生身份不变，学校应当按照学生身份进行管理。

10.4.1 安全管理责任

学校应当牢固树立“安全工作无小事”“责任重于泰山”的安全思想和“以生为本、重在预防”的安全管理理念，把学生实践教学活动的安全工作纳入学校日常管理工作中。学校应当切实加强对实践教学活动安全工作的领导，建立健全以学校法定代表人为第一责任人的安全工作体系，层层落实安全管理责任。学校应当指定职能部门牵头负责实践教学活动安全管理日常工作，协调督促校内各单位落实安全管理职责，加强与活动合作单位的沟通联系。学校应当建立和落实安全责任追究制度，对因责任不落实、管理不严、监督不到位等发生的各种安全责任事故，依法追究有关人员的责任。

10.4.2 安全管理制度

学校应当严格遵守国家有关法律、法规和规章，依法依规开展各项实践教育教学活动，并结合学校实际，建立和落实实践教学安全管理制度。

学校应当根据各项实践教学活动的特点，建立相应的安全预警机制，制定各类突发事件应急预案，完善事故预防措施，不断提高学校实践教学活动安全工作水平。

学校应当建立学生实习管理档案，定期组织人员检查实习情况，及时处理实习中出现的问题，确保学生实习工作的正常秩序。

10.4.3 安全教育

学校应当加强实践教学的安全教育工作，按照“全员、全程、全面”的要求，开展针对性、专业性的安全教育活动，切实提高学生安全意识和安全技能。有条件的高校可设置适当的安全教育学分。学校应当建立安全教育准入制度，未经教育培训或培训考核不合格的学生，不得参加有安全风险的实践教学活动。安全教育的内容包括：国家安全法律、法规和规章，一般安全知识，安全事故的危害与预防，安全操作规程，应急预案，以及常用的急救知识等。

10.4.4 校内实践教学场所安全管理

校内实验室、实训室、实习基地（以下统称实践教学场所）是高校开展实践教育教学活动、进行科研工作的重要场所，创建安全、卫生的实践教学场所是高校师生的共同责任和义务，也是建设平安校园的重要组成部分。学生应在教师的指导下在实践教学场所开展实践活动，教师须全程参与，不得擅自离岗。学生进入实践教学场所前必须认真预习，明确实践活动的目的、原理、步骤，了解可能存在的安全风险，提前做好安全防范准备。指导教师必须按时到岗，组织、指导学生的实践教学活动，向学生宣讲本实践教学场所的安全注意事项以及仪器设备的安全操作规程；对存在安全风险的操作，指导教师必须进行现场演示，并根据实践教学活动的具体内容提供必要的安全防护用具，在学生进行操作前检查安全防护用具的穿戴是否规范。学生进入实践教学场所必须自觉服从管理，严格遵守操作规程。在实践教学过程中，一旦发现仪器设备有损坏、出现故障等异常情况，应立即停止使用、保护现场，并报告指导教师或实践教学场所管理人员。实践教学活动完毕，教师应指导学生及时清理、打扫实践教学场所，将仪器设备、工具护具等妥善整理并放归原位，关闭水、电、气后方可离开实践教学场所。

实践教学场所一旦发生安全事故，教师和学生须及时拨打报警电话，并立即向学校有关管理部门报告。实践教学场所发生紧急事故时，须立即启动应急预案，把保护师生人身安全放在首位。在应急救援过程中，要妥善保护学校公共财产和科研资源。

10.4.5　校外实习安全管理

学生校外实习活动一般由学校统一组织。学生要求自行联系实习单位的，须经学校同意并办理相关手续。学校不得放任学生自行进行校外实习活动，也不得由中介机构代理组织、安排、管理学生校外实习。学校要合理选择实习单位，在组织学生实习之前，学校、实习单位和实习学生应事先签订符合规定的相关协议，明确包括安全管理在内的各方权利、义务和责任。参加实习的学生应当购买人身意外伤害保险和学生实习责任保险，购买保险的费用从收取的学费中列支或者通过实习协议的方式由实习单位承担。

校外实习的内容和形式必须以能保证学生的安全为前提，不得安排未满十六周岁的学生顶岗实习；不得安排学生从事具有安全隐患的实习活动或明显超过学生体力的高强度劳动；不得违章指挥、强令学生冒险作业；不得安排未取得职业资格的学生在需要相应职业资格的岗位上顶岗实习；不得安排学生到不利于其身心健康的场所实习。学校应选派责任心强、业务水平高的教师担任实习指导教师或带队教师，全程掌握学生实习情况，对学生实习安全实施管理与监督。学校应要求实习单位指定专门人员负责学生实习的安全教育与管理工作。

学校应要求实习单位严格遵守国家关于劳动者工作时间和休息休假的规定，不得强迫或者变相强迫学生加班；确因需要必须安排加班的，加班时间应当严格遵守国家有关规定。实习过程发生学生人身伤害事故时，学校和实习单位应按照《学生伤害事故处理办法》和有关法律、法规的规定，及时实施救助，妥善处理。

10.4.6 安全基础建设

学校应当足额安排实践教学安全管理工作经费，列入学校年度经费预算，确保实践教学工作顺利开展。学校应当对新增或改建实践教学基地进行合理规划、科学评估，确保实践教学场所的安全。学校应当加强实践教学设施设备隐患的排查，做好实践教学设施设备的维护、保养工作，确保各类设施设备配置符合国家、行业规范标准，确保运行状况良好。

学校应当加强生化实验室等特种实践教学场所的安全管理；严格落实危险化学品贮存、使用、回收等规范要求，并做好详细的使用记录，确保特种实践教学全过程安全。学校应为从事有毒有害、易燃易爆、放射性以及特种设备操作工作的个人配备必要的防护用品，发放保健津贴，落实定期体检和疗养等保健措施。学校应当根据学科、专业特点，制定实验废弃物处置办法，科学处置高校实验室废弃物。

10.4.7 监督检查

学校应当建立健全实践教学场所安全检查、监督制度，经常组织开展检查和督查。发现安全隐患，及时采取措施进行整改，并督查整改情况。对不能及时消除的安全隐患，隐患单位应当及时向上级部门报告，提出整改方案，确定整改措施、期限以及负责整改的部门、人员，并落实整改资金。安全隐患尚未消除的，应当落实防范措施或者停用整改，以保障安全。

11 基于创新创业教育的实践教学模式改革

11.1 创新创业教育普及的背景

2010年,《教育部关于大力推进高等学校创新创业教育和大学生自主创业工作的意见》(教办〔2010〕3号)明确提出:“在高等学校中大力推进创新创业教育,对于促进高等教育科学发展,深化教育教学改革,提高人才培养质量具有重大的现实意义和长远的战略意义。创新创业教育要面向全体学生,融入人才培养全过程。”2012年,教育部印发《普通本科学校创业教育教学基本要求(试行)》,进一步提出将创业教育教学纳入高等院校人才培养体系,并作为高等院校教育教学评估的重要指标。2015年,国务院办公厅印发《关于深化高等学校创新创业教育改革的实施意见》(国办发〔2015〕36号),再次强调深化创新创业教育是实现高质人才培养目标、促进创业就业的重要手段。这些纲领性文件的出台,明确了我国高等院校教育改革的方向,要求高等院校学生广泛开展创新创业教育,转变人才培养思路,提升人才培养质量,为加速培养创新创业型人才指明了道路。

创新创业教育作为人才培养的重中之重,将贯穿于专业人才培养全过程。高校设置大学生创新创业课程,向大学生传授创新创业基础知识,提高大学生创新精神和创业能力;不断优化课程体系、改革教学方法和教学内容,将创新创业课程与专业基础课、专业课及专业实践课有机融合;改革教学方法,突出以学生为中心,以创新创业课程为载体,根据每位学生创新思维的不同,注重个性化发展和创新能力的培养；加强创新创业教育个性化实践教学活动，开展创新创业教育第二课堂，增强学生创新创业体验感，使学生能够更好地将创新创业理论知识融入创新创业项目中。

高校的创新创业教育能激发大学生创新思维，激励其在创新创业训练中成长。以赛促教，探索大学生创新教育新途径，把大学生创新创业大赛作为深化创新创业教育改革的抓手，引导高校主动服务区域发展和地方经济，不断深化人才培养模式改革，推进大学生创新素质教育，逐步提高其创新思维、创新能力及创业能力；以赛促创，构建大学生科研成果转化平台，推动创新创业赛事的成果进行转化和产学研用紧密结合，打开高校毕业生高质量创业就业的新格局。

11.2 应急特色创新创业人才培养现状

当前，应急管理类高校根据国务院办公厅印发的《关于深化高等学校创新创业教育改革的实施意见》，虽然已从顶层设计、管理机制、课程体系建设、教学模式和方法等方面着手，开展全面深化创新创业教育改革工作，但是并没有将创新创业教育融入应急特色人才培养全过程中，出现了专业教育与创新创业教育分开的“两张皮”现象，无法满足学生将创新创业与专业理论知识、技能相结合的需求，主要表现在以下几方面。

（1）创新创业教育未能贯穿应急特色人才培养的全过程

近年来，高校教育教学工作虽然重视学生创新创业能力培养，能够结合对大学生创业意识和创新精神培养的要求，加强对创新创业教育的重视度。但是各高校普遍还存在缺乏全局意识，没有从顶层设计出发，将创新创业教育贯穿人才培养的全过程，没有将创新创业教育很好地与专业教育贯通融合，缺乏创新创业教育的全方位融入和落实。目前各高校依然存在重视专业教育、忽视创新创业教育的情况，虽然专业教育课程设置比较合理、科学，但是忽略了将创新创业教育融入专业教育中，影响了学生创新能力与素养的培育，从而影响应急特色人才培养的质量。

(2) 缺乏系统性的专创融合的课程体系

创新创业教育与专业教育的融合度不高，整体课程体系建设不够系统和完善，教学效果难以达到预期目的。与国外专创融合教育相比较，我国的创新创业教育与专业教育的课程还没有形成一个完整的体系。虽然各高校按照教育部的要求面向本科生开展创业教育，但有的高校仅限于开设“创业基础”通识课程，没有配套的系统化专创融合的教育教学课程体系，创业教育教学相对独立，没有很好地将创新创业课程与其他专业课程紧密结合，没有将创新创业教育提升到专业教育的高度，也没有将创新创业理论知识与专业知识融会贯通，无法用创新创业知识解决专业实际问题；有的高校虽然专业课程中提出创新创业的教育理念，但受到学时限制、学校教学进程安排等影响，缺少相应的实践课程设置，从而影响专创融合的人才培养质量。

(3) 忽略创新创业教育师资的培育

各高校普遍存在着创新创业教育师资队伍力量相对薄弱的问题。一方面，在创业教育普及的社会背景下，全校范围内开展创新创业教育，需要大量的教师执教才能完成任务，而目前专任的创新创业教师严重短缺，除了依靠部分兼职教师补充外，只能将原本应小班授课的课程改成三个、四个甚至五个班合班授课，大班授课受人数和场地限制等，导致很多活动不能正常开展，降低了实际教学效果。另一方面，在实践教学工作开展中，教师还要具有优秀的实践教学经验，对学生进行有效的服务和引导，注重培养学生的创新性思维，提升学生创业实践经验。而现实中普遍存在教师专业知识背景丰富，但实践经验和实战经验缺乏，不能对学生的创新创业活动进行有效指导的情况，进而也不利于推动专创融合教学的开展。

(4) “双创”教育管理和考评机制不完善

目前各高校开展“双创”教育的时间不长，“双创”教育的管理机构在不同的学校归属不同的管理部门进行管理，有的高校设在招生就业处，有的高校设在学生工作处，而专业教学统一由教务处归口管理。两个不同部门的管理方式不同，导致在贯彻落实创业教育与专业教育融合中存在脱节现象。不同部门对创业教育的重视程度不一样，管理方式大不相同，在一定程度上也导致了创新创业教育与专业教育的分离。

专创融合教育的考评机制不够完善，以学生发展为导向的教学考评机制有待进一步健全。在各高校专创融合教育中，学生参与课程体系制定、课堂教学、课题研究的制度没有建立起来，现有的针对创新创业课程的评聘和考核制度不能突出其在教学工作的中心地位，教师参与创新创业教学工作的约束与激励力度均不够，导致部分教师不能专心课堂教学，上课积极性不高，投入教学研究的时间和精力也不到位。没有科学的课程考评机制的支撑，创新创业课程的实施效果将会大打折扣，无法达到创新创业人才的培养目标。

11.3 应急特色创新创业教育的原则

应急管理类高校在实施应急特色创新创业教育过程中应坚持以下原则。

(1) 突出应急特色原则

作为应急管理类高校，坚持强化应急特色，聚焦应急主责主业，保障应急需求，将创新创业教育与专业教育有机融合，在实践中培养学生的创新意识、创业思维和创业能力，更大限度地激发每位学生的潜能潜质，提高应对未来不确定性和风险的意识，从而提高学生的应急创新创业能力，为应急管理事业培养一批高质量的敢闯会创的高素质人才，

(2) 需求导向原则

国家和社会对人才培养目标的需求是专创融合发展的重要依据。应急管理类高校需要坚持以需求为导向，重点培育应急行业领域的创新型人才，强化专业技能型人才培养质量，从而带动学校教学

的发展。创新创业教育和专业教育还要各展所长、相辅相成,明确其融合教育的核心内涵,提升育人效果和发展水平。

(3) 尊重差异原则

创新创业教育在发展中要坚持尊重差异的原则,提升教育的包容性,尽可能地满足学生的多样化教育需求和发展特征。创新创业教育可以与人文科学、社会科学、自然科学等专业直接融合,充分挖掘创新创业教育与不同专业之间的融合点,拓宽其教育模式和发展路径。

11.4 应急特色创新创业人才培养的途径

应急管理类高校可以通过以下途径培养创新创业人才。

(1) 加强顶层设计,人才培养突出应急特色

创新创业教育的目标是培养大学生的创新精神、创业意识以及创新创业能力,应急管理类高校专创融合的首要前提就是要及时更新创新创业人才培养的目标和理念,着眼全面提升学生的综合素质和核心能力,培养当前应急管理发展所需要的创新创业人才。应急管理类高校要认识到创新创业教育的重要性,成立学校、院、系三层管理机构,进行顶层设计,完善应急特色创新创业人才培养目标,使创新创业教育真正融入人才培养体系中。

应急管理类高校在人才培养方案制订过程中要注意突出应急特色。借鉴国外高校专创融合教育成功经验,应急管理类高校可根据人才培养方案,针对各年级、各专业开设专业创新创业课程,采取小班教学的方式进行授课,多样化、多渠道地让学生自主选择课程,将创新精神、创业意识和创新创业能力培养融入人才培养全过程。学校在创新创业教育过程中,需要逐步改变课堂讲授理论知识的传统教学方法,创新教学模式和方法。一方面,可以采用互动式小班授课的方式进行分组活动与讨论,学生与教师互动并完成案例或主题作业,提高学生的参与度和创新激情;另一方面,学校可以基于其专业

特色开设与专业相关的创新创业课程，结合学生对创新创业课程感兴趣的知识点进行授课，将创新创业知识与专业知识有机结合在一起讲授，形成多样化的课堂模式。

（2）分类实施，构建立体化、多层次的融合式课程体系

高等教育的最终目标是实现学生的全方位发展和终身学习能力的培养。要真正实现这一目标，就需要提高育人质量，将创新创业教育贯穿于专业教育的全过程，制定具体、合理的人才培养目标，将课程体系划分为专业核心课程、专业基础课程、创业技能课程等模块，针对不同专业和不同学生特点，将创新创业理论和技能分层次地渗透到专业技能的培养体系之中。

首先在专业基础课、专业核心课中融入创新创业知识、能力、意识、精神等要素，依托专业课程教学实现对创新创业元素的渗透。其次，拓展课程建设思路，积极挖掘专业课程中蕴含的创新创业教育资源。专创融合的重点不在于教授某个领域的知识或技能，而在于拓展学生的文化视野、训练学生的创新思维以及培养学生创业素养等，就是要从更多角度上培育学生的创新创业意识和技能。在当前教育信息化背景下，资源共享成为高校完善课程体系的重要思路，教师应积极挖掘各类课程资源，充实专业课程，夯实创新创业教育基础。最后，高校应组织教师探索多元化的专创融合教学方法，利用丰富的教学形式和教学内容，激发学生的创新创业思想意识。

（3）立足行业需求，校企合作推动专创深度融合

企业是创新创业教育的驱动力，也是创新创业教育的预期目的地，因此，在高校创新创业教育与专业教育的深度结合中企业具有举足轻重地位。作为应急管理类高校，应立足行业需求，构建应急管理产学研协同培养机制，积极对接国家战略与社会需求，整合学校、企业和科研机构资源，建立产学研协同育人机制，从而促进专创深度融合。

首先，通过校企合作创建大学生实习及创业孵化基地，能够为还未踏进社会的学生群体创设良好、健康的实践环境和创业机会，不仅

给予了学生创业的优质条件，更提升了学生的创业积极性以及积极进取、开拓创新的精神面貌和团队协作的能力，为就业打通了另一条道路。其次，学校与企业的合作有助于企业优先选择优质的具有创新意识和探索精神的专业型人才，给企业不断注入新生力量。因此，高校应重视校企合作对专业教育与创新创业教育革新的重要价值，充分利用企业相较于学校的突出优势。最后，学校也可以采用校企合作的形式打造校内和校外创新创业实践教育基地，让学生通过模拟真实企业氛围进行创新创业，也可以让经验丰富的企业人才对学生进行指导，使学生充分参与到专业创新体验和创业模拟活动中，了解自身在学习和实践过程中的不足并不断完善和充实自己，从而培养出更多社会所需的创新创业型人才。

(4) 搭建创新创业实践平台，培养学生创新创业能力

专创融合视角下的高校创新创业人才培养绝不能是纸上谈兵，而是应该落实到实践之中，就是要用丰富的实践来检验理论，让学生在实践中收获更多的创新心得和创业启发。基于此，高校应积极整合校内外资源，搭建创新创业实践平台，提升学生创新创业能力，丰富学生实践经验，加强学生综合素质的培养，引导学生在实践中学习专业知识、解决问题和积累经验以及发展创新创业能力，进而为学生真正融入未来社会做好铺垫。

首先，学校要积极挖掘校内资源，根据不同专业的发展需要，搭建实训室，完善实训条件，让学生在专业学习中能够随时接受实训教育，并通过实训消化专业知识、发展实践能力。在此过程中，要着重培养学生发现、分析、解决问题的能力，为学生发展智力和创新思维奠定基础。其次，学校可以设立学生创新创业社团组织，引导志同道合的学生在社团内开展创新创业训练工作；也可以采用外聘社会专家和创业指导教师举办讲座的方式，加强对学生专创融合的指导，提升学生的创新创业能力。最后，搭建创新创业比赛平台，引导和鼓励学生利用专业知识、运用设计思维形成项目的原型，参加校级、省级、国家级各类创新创业大赛，申报大学生创新创业项目的立项，在实践

训练中加强学生实践技能、创新思维的培育，提升学生参与创新创业的热情。

（5）强化队伍建设，形成多元化师资队伍

雄厚的师资力量是高校推动专创融合、落实创新创业人才培养目标的基本前提。应急管理类高校应发挥行业背景优势，建设优质共享的创新创业导师资源，切实发挥导师的教育引导和指导帮扶作用，提高创新创业教育的针对性、时代性和实效性，培养学生的创新精神、强化其创业意识、提升其创新创业能力，为学生提供导向性、专业性和实践性指导。高校应该制定详细的创新创业师资队伍发展规划，包括创新创业教师的聘用标准、日常管理、培养计划、绩效考核等方面。除了聘用一批具有较高专业学术理论水平的高校教师担任校内导师外，还可从各行各业的优秀人才中聘请知名科学家、创业成功者、企业家、风险投资人等担任校外创业导师，共同组成高校创新创业教育师资团队。

学校还可以对现有专业教师进行培训，有目的地培养一批专业青年教师加入创新创业师资队伍，通过以老带新、定期组织培训、校外进修交流等多种形式建设高水平创新创业师资队伍。同时，为教师提供更多创业技能和管理经验学习的机会，引导有意向和具备创新能力的教师参与到企业培训和生产研发工作中，提升教师的社会实践能力。

（6）沟通协同，构建动态创新创业教学考评机制

为了更好地推进专创融合教育的深入发展，学校需要进行沟通与协同，实现管理机制的有效融合。目前专创融合发展已经成为必然趋势，在一定程度上可以推动高校教育教学工作的合理、有序开展。学校不仅需要创新教学理念和方式，还要加强不同管理部门之间的沟通与协同，防止各自为政的现象出现。教育管理人员还要制定有关专创融合发展的制度和教学计划，通过教学、研究和实践一体化发展等形式，提升学生学习兴趣，加强学生创新创业意识的培养。

高校要构建动态创新创业教学考评机制，首先要明确规定创新

创业教学考核内容和方式，使人才培养与教学成果具有可检验、可考核的标准；将创新创业教学成果与教师业绩提升挂钩，鼓励优秀教师参与创新创业教育的改革，激发教师进行专创融合教育的动力；通过调查报告、科技活动、项目申报、论文发表、专利授权和自主创业等多项考核指标，综合评定专业课程成绩，呈现学生创新创业能力。其次，在考核中将学生专业知识的应用能力、解决问题的能力和创新创业实践能力摆在突出位置，强调过程考核，淡化考核结果；尤其是要利用考核评价强化对学生的激励效果，使学生能满怀信心、更加坚定地面对困难，给予学生创新创业更多的支持与鼓励，进一步强化学生的创新创业意识，锻炼学生的创新创业能力。

11.5 基于实践的线上线下相结合的创新创业教育教学模式改革

笔者所在高校创新创业教育经过多年的发展，从传统面授创业教育到基于 MOOC 和翻转课堂的混合式教育再到目前的“MOOC 和翻转课堂的混合式教育＋课赛一体化”教育模式，创新创业教育取得了很好的效果。

（1）前置学习和做中学

在互联网普及的信息时代，利用互联网和计算机技术推动教育发展已经成为现代教育发展的必然趋势。教师利用“学习通”等平台为学生提供优质教学资源进行前置学习，促使学生不再是仅仅局限于课堂学习，教师的课堂控制权转移到学生的课下自主学习中。课堂上教师不再是“填鸭式”理论灌输，而是转变为双向讨论交流，教师由讲授转变为引导，课堂成为学生和教师相互学习的场所，学生学到的知识能够得到充分的利用，学习兴趣也得到充分的提升，从而取得最佳的教学效果。

（2）实现以培养能力为主的人才培养目标

在翻转课堂教学模式下，学生将获取知识的主动权掌握在自己手中，学习重心转移到课前的自学，而教师在课堂上主要以指导为主。但是，这并不意味着教师不再过问学生的学习状态。相反，学生需要承担比传统学习模式下更重的责任和压力，也对学生独立学习和思考的能力提出了更高的要求，甚至需要学生掌握分析和解决问题的能力。这种模式对于创新创业教育的深入发展具有重要的推动作用。

大学生创新创业教育不能仅仅是完成理论知识的传授，更应该做到提升创新创业素质，其重中之重是要培养大学生创新精神、创业意识和创业能力。而在大学生创新创业教育中实施翻转课堂教学模式，在教学过程中学生的自我控制、信息收集和筛选以及与教师和同学交流等能力的提升，就是对学生创新精神、创业能力的一种培养。

(3) 引导学生积极参与创新创业竞赛，增加创业实践经验

高校应将参与创新创业竞赛作为创新创业教育的重要组成部分，引导学生主动参加各类创新创业竞赛，通过参加竞赛激发指导教师、学生的创新创业热情。一方面，竞赛能有效检验创新创业教育的教学质量。开放性、多样性的创新创业竞赛既能够有效地反映出高校创新创业教育取得的阶段性成果，也能够及时发现现行创新创业教育形式存在的弊端。另一方面，竞赛有利于营造“褒奖成功，宽容失败”的高校创新创业氛围。参赛团队可以合理利用学院的资金补助、竞赛主办方的支持，将创业失败的风险控制在可以承担的范围内。同时，经过一定的创业实践，学生在进入社会创业浪潮时会规避一些风险，也会增强创业的信心，从而创业的成功率将会得到一定幅度的提升。

随着应急产业的发展，对具有创新创业能力的应急管理人才需求越来越大，专业教育和创新创业教育的融合，成为应急管理类高校人才培养的发展目标。高校必须要落实国家提出的各项教育政策，将培养创新创业人才作为教育改革的基本方向。为了真正将创新创业教育贯穿到专业教育全过程中，提升专业建设和教育创新创业教育有机融合的发展水平，就必须明确其发展方向以及改革目标；还要

结合经济社会及产业结构的发展特征，探究创新创业教育更好地融入社会、产业的方式；积极转变教育理念，培养专业教学团队，完善专业课程体系和教育考评体系，搭建创新创业实践平台，从而推动创新创业教育有效落实，将学生培养成国家建设和社会发展所需要的创新型人才。

参考文献

[1] 李伟.实践范式转换与实践教学改革[M].北京:教育科学出版社,2010.

[2] 刘艳,王静,赵欣."双创"背景下旅游管理专业本科层次实践教学的突破与创新[J].民族高等教育研究,2020,8(3):84-88.

[3] 靳鸿,崔建峰,孙艺哲.实践教学管理与"互联网+"融合方法探讨[J].电气电子教学学报,2020,42(2):84-87,115.

[4] 赵梅,常伟东.新形势下加强实践教学管理的探索[J].科教导刊,2020(10):15-16.

[5] 周学林,李姣芬,吕思雅.以OBE理念为导向的应用型人才培养高校管理类课程实践教学体系探析[J].教育现代化,2020,7(14):79-81.

[6] 王玉亮.应用型本科高校实践教学管理探索与实践[J].智库时代,2019(49):99-100.

[7] 姚琳.应用型高校实践教学体系优化研究[J].许昌学院学报,2019,38(6):148-152.

[8] 文琼.基于校企深度合作的实践教学模式创新:以湖南信息学院人力资源管理专业为例[J].纳税,2017(11):144.

[9] 程杰.创新视阈下地方应用型高校实践教学管理优化策略[J].大连教育学院学报,2020,36(3):74-77.

[10] 郭军,黄劲松,汪新,等.供给侧结构改革中对大学生实践教学的几点探讨[J].广东化工,2017,44(9):286-287.

[11] 施建浩.探究高校实践教学管理管理中存在的问题及应对措施[J].中国多媒体与网络教学学报(电子版),2018(10月中旬

刊):32-33.
[12] 鲁玉洁.高校实践教育管理模式创新探索:以浙江大学城市学院法学院为例[D].杭州:浙江工业大学,2015.
[13] 丁洪福,赵丽洲,战颂.创新创业教育嵌入专业教育的人才培养模式改革研究:基于市场营销专业的实践[J].创新与创业教育,2019,10(6):112-116
[14] 贾丽.教学型高校构建应用创新型人才实践教学管理体系研究[J].高等农业教育,2010(5):29-32.
[15] 刘姝.创新视角下高校实践教学管理方法探究[J].湖南包装,2017(2):110-111.
[16] 李静,葛莉.应用型本科大实践教学管理效率影响因素研究[J].内蒙古财经大学学报,2018,16(3):113-118.
[17] 张士献,李永平.本科应用型人才培养模式改革研究综述[J].高教论坛,2010(10):5-8.
[18] 苏晓旭.基于"互联网+"的高校实践教学管理策略[J].中国管理信息化,2018(9):180-181.
[19] 王明英.高校实践教学管理的问题及对策研究[J].智库时代,2018(25):108.
[20] 刘慧.国外大学生实践教学模式的经验及启示[J].中国成人教育,2017(5):114-117.
[21] 施国英,李天华,刘林,等.本科实践教学管理模式的探索[J].教育教学论坛,2016(16):48-49.
[22] 赖雄麟,张铭钟.高等学校内部管理体制创新论[M].徐州:中国矿业大学出版社,2009.
[23] 李秀兰,周佳正.对高校实践教学管理的几点思考[J].文教资料,2010(26):173-175.
[24] 肖华花.地方工科院校实践教学管理研究[J].科教文汇,2011(7月上旬刊):39,82.
[25] 马鹏飞.应用型本科院校工商管理类专业实践教学质量监控体

系构建[J].环渤海经济瞭望,2019(3):177.
[26] 许庆贺.地方高校转型发展背景下的实践教学基地建设[J].实验技术与管理,2017,34(1):232-234.